coordenação:
Andréia Roma, Alexandre Prado, Cristiane Farias e Deborah Epelman

PNL para PROFESSORES

Profissionais de PNL abordam dicas e estratégias para uma aula dinâmica com foco na comunicação eficaz e alta performance do aluno

Copyright© 2023 by Editora Leader
Todos os direitos da primeira edição são reservados à **Editora Leader**

Diretora de projetos e chefe editorial:	Andréia Roma
Revisão:	Editora Leader
Capa:	Editora Leader
Projeto gráfico e editoração:	Editora Leader
Suporte editorial:	Lais Assis
Gerente comercial:	Érica Rodrigues
Livrarias e distribuidores:	Liliana Araújo
Artes e mídias:	Equipe Leader
Diretor financeiro:	Alessandro Roma

Dados Internacionais de Catalogação na Publicação (CIP)
(Câmara Brasileira do Livro, SP, BRASIL)

PNL para professores : profissionais de PNL
abordam dicas e estratégias para uma aula dinâmica com foco na comunicação eficaz e alta performance do aluno / coordenação Alexandre Prado...[et al.]. -- 1. ed. -- São Paulo : Editora Leader, 2014.

Outros autores: Andréia Roma, Cristiane Farias, Deborah Epelman
Vários autores.
ISBN 978-85-66248-17-3

1. Alunos - Formação profissional 2. Desenvolvimento humano 3. Educação profissional - Professores - Formação 4. Professores - Formação profissional 5. Professores e estudantes - Relacionamento 6. Programação neurolinguística I. Prado, Alexandre. II. Roma, Andréia . III. Farias, Cristiane. IV. Epelman, Deborah.

14-06966   CDD-158.9

Índices para catálogo sistemático:
1. Programação neurolinguística : Psicologia aplicada 158.9

<u>2023</u>
Editora Leader Ltda.
Rua João Aires, 149 – Jardim Bandeirantes – São Paulo – SP
Contatos: Tel.: (11) 95967-9456
contato@editoraleader.com.br | www.editoraleader.com.br

Agradecimento

Sou grata a Deus por ser meu mentor e fonte de inspiração.

Agradeço a minha família que contribuiu com carinho em todo o tempo de criação e desenvolvimento deste projeto.

Sou grata aos coautores convidados que dão um show de conhecimento e estratégias que transformarão o dia a dia de cada professor, gestor educacional, diretor, pais e todos que lutam por uma educação ainda melhor.

Minha gratidão aos coordenadores deste projeto que ao meu lado desempenharam um trabalho magnífico para que esta obra se tornasse realidade.

Sou grata a todos que, direta ou indiretamente, contribuíram para mais essa concretização.

Agradeço a você leitor por investir em seu conhecimento.

Este livro é dedicado a todos os profissionais da Educação em especial professores de todo o Brasil.

Esta é uma contribuição de grandes profissionais da PNL.

Andréia Roma
(Fundadora da Editora Leader, Master Coach, Master em Programação Neurolinguística, Analista Comportamental)

Índice

Prefácio por Arline Davis 7

Introdução por Deborah Epelman e Andréia Roma 13

Capítulo 1 - Alexandre Prado
Acessando os sentidos da audiência para obter resultados mais eficazes. 23

Capítulo 2 - Ana Cristina de Souza
PNL para professores 37

Capítulo 3 - Claudio Shen
A PNL como uma alavanca de excelência no ensino............................ 51

Capítulo 4 - Conceição Valadares
O lugar do professor e o lugar do aluno – relação: professor X aluno 65

Capítulo 5 - Cristiane Farias
Tornando a arte de construir conhecimento ainda mais interessante 73

Capítulo 6 - Deborah Epelman
A PNL Sistêmica na Educação.. 83

Capítulo 7 - Deroní Sabbi e Lisete Gorbing
O poder das metáforas para motivar os alunos e desenvolver a
inteligência emocional, a atitude e a ética.. 91

Capítulo 8 - Eliana Apolinário Comério
A PNL e a Inteligência Emocional na sala de aula 105

Capítulo 9 - Fábio Kasper
Destino: a chave para a motivação 121

Capítulo 10 - Gilson Lira
Professor de alta performance 135

Capítulo 11 - Mario Jorge Chagas
Uma nova pedagogia através dos modelos da PNL 151

Capítulo 12 - Patrícia Cukier
Estilos de aprendizagem e apadrinhamento 161

Capítulo 13 - Sueli Cassis
Professor – o despertador da excelência humana 171

Capítulo 14 - Vinicius Franco
Acredite se quiser 181

Prefácio
por Arline Davis

Arline Davis

Master Coach Trainer, é Coach dos Coaches e Treinadora dos Treinadores. Diretora executiva do Núcleo Pensamento & Ação e Presidente no Brasil do International Association of Coaching Institutes – ICI e IN – International Association of NLP Institutes. Natural dos EUA. É bióloga pela University of California, Davis.

Há 18 anos forma profissionais em Programação Neurolinguística e Coaching. Desenvolve projetos educacionais na área de competências profissionais e educação ambiental e ministra palestras e treinamentos internacionalmente.

É criadora da Metodologia Coaching Pensamento & Ação® e Evolutionary Coaching Cycle®. Coautora dos livros Ser Mais com Coaching e Ser Mais com PNL (Editora Ser Mais), Leader Coach e Coaching na Prática (Editora França) e PNL e Coaching (Editora Leader).

(21) 2511-1869
nucleo@pnlnucleo.com.br

"A PNL TINHA QUE ESTAR NAS ESCOLAS!"

Este é o comentário que ouço em praticamente todos os seminários e cursos de Programação Neurolinguística que eu ministro ao longo de 20 anos. O que faz com que alguém fale algo assim? Creio eu que tenha a ver com uma reflexão: como teria sido minha vida se eu tivesse aprendido a PNL mais cedo? Também os participantes pensam nos seus filhos: como teria sido a educação dos meus filhos se eu tivesse aprendido a comunicar e interagir com eles em bases do que aprendemos na PNL? Como teria sido a experiência educacional se meus filhos tivessem tido professores capacitados nas estratégias de ensino que favorecem a aprendizagem focada no aluno? E também está presente o pensamento no futuro: com um modelo de mundo rico, uma abordagem de respeitar o próximo no seu modo de ser e com habilidades de aprender a aprender, que mundo criariam as crianças de hoje?

Há muitas maneiras que a Programação Neurolinguística pode apoiar a missão das escolas, desde a visão da diretoria, até o detalhe da comunicação do professor com o aluno dentro da sala de aula. Em nível geral, é interessante observar quanto é possível alinhar a PNL com o relatório da UNESCO, da autoria de Jaques Delors e comissão. Essa obra se tornou livro, "Educação: um tesouro a descobrir", dentro do qual há o capítulo "Os Quatro Pilares de Aprendizagem". Segundo Delors, os quatro pilares para a educação nesse milênio são: **aprender a conhecer, aprender a fazer, aprender a conviver e aprender a ser.**

Não sei dos leitores, mas tenho certeza que na minha escola, anos atrás, ninguém falou para mim que há estratégias específicas para facilitar a apreensão de informação, memorização e concentração. Ninguém falou sobre meios de realizar metas. E para que haveriam de falar de meios de realizar metas pessoais se os alunos não criavam para si mesmos metas de aprendizagem? A criatividade foi abordada indiretamente em aulas de arte, que eram poucas, realmente. Mas e a inovação? E o poder de cada um olhar para o mundo e imaginar uma diferença que poderia criar? Passei todos os anos da minha escola sem ter sequer uma aula de como se relacionar com o outro. Chegando na faculdade, só tive o mínimo de instrução acadêmica por ter feito algumas cadeiras de psicologia. E quem sou eu? Quais são meus valores? Qual é meu propósito de vida? As respostas para essas indagações eu esperei por muito tempo, somente iniciei esse caminho de autoconhecimento quando ingressei no mundo da PNL. Se tivéssemos esse conhecimento, estaríamos, nós alunos, já praticando naturalmente os Quatro Pilares de Educação.

Para sermos competentes para lidar com as questões da vida pessoal e profissional, é imprescindível ter um repertório de conhecimentos, habilidades e atitudes para mobilizar em situações diversas e complexas. Quando mais cedo uma criança tem contato com a educação com preparação para a vida, mais cedo começará a acumular experiências positivas como base para a autoestima e efetividade pessoal. Nos treinamentos corporativos que ministro, noto quanto faz falta um adulto ainda não ter aprendido que não existe um só modelo de mundo certo. Também faz falta um adulto aprender a respeitar os outros modelos de mundo. Muitos adultos ignoram o fenômeno de comunicação sistêmica, em que reconhecemos os impactos de nossas palavras e mensagens inconscientes. Como pode ser um obstáculo um adulto responsabilizar o mundo externo por seus próprios problemas!

Estou feliz com a publicação deste livro. Os coautores compartilharam o melhor que têm a oferecer sobre experiências e reflexões da PNL no ensino e aprendizagem. Meu desejo é que cada leitor encontre nas páginas deste livro algo para gerar novas ideias, novos projetos, novos insights e motivação para agir. Que a educação seja conduzida na acepção da palavra "educere" do latim: de evocar de dentro do aprendiz o processo de aprender.

Introdução

por Deborah Epelman e Andréia Roma

A Programação Neurolinguística (PNL) é um modelo de comportamento, um conjunto de técnicas e habilidades explícitas, fundada por Richard Bandler e John Grinder em 1975. Definida como "o estudo da estrutura de experiência subjetiva", a PNL estuda os padrões ou "programações" criados pela interação entre o cérebro (neuro), a linguagem (linguística) e o corpo. Pela perspectiva da PNL, é esta interação que produz comportamentos efetivos ou não e é responsável pelos processos que estão por trás tanto da excelência humana quanto de suas patologias. Muitas das habilidades e técnicas da PNL foram derivadas da observação de padrões de excelência em especialistas de diferentes áreas de atuação profissional, incluindo psicoterapia, negócios, hipnose, advocacia e educação.

A PNL contém um conjunto de princípios e distinções que serve unicamente para analisar e identificar padrões cruciais de valores, comportamentos e inter-relações, que podem ser colocados de forma pragmática e verificável. A PNL oferece uma forma de olhar, passando pelo conteúdo comportamental que as pessoas fazem, com todas as forças invisíveis que estão por trás desses comportamentos; até estruturas de pensamento que permitem às pessoas terem uma performance eficiente.

O nome Programação Neurolinguística indica a integração de três campos diferentes da ciência. O componente **neuro** é sobre o **sistema nervoso**. Grande parte da PNL tem a ver com entender e usar princípios e padrões do sistema nervoso. De acordo com a PNL, pensar, lembrar, criar, visualizar, entre outros processos cognitivos, é o resultado de programas executados dentro do sistema nervoso humano. A experiência humana é uma combinação ou síntese da informação recebida e processada através de nosso sistema nervoso. Experimentar tem a ver com ter sensações do mundo – vendo, ouvindo, sentindo tato, cheirando e sentindo paladar.

A PNL também se aproveita do campo da linguística, no qual a linguagem, de certa forma, é um produto do sistema nervoso, mas também estimula e formata a atividade dentro do nosso sistema nervoso. Certamente a linguagem é uma das primeiras formas que uma pessoa tem de ativar ou estimular o sistema nervoso de outra pessoa. Desse modo, a comunicação efetiva e a interação têm a ver com como usamos a linguagem para instruir, estimular e para verbalizar conceitos, objetivos e questões relacionadas com uma situação ou tarefa específicas.

O aspecto programação da PNL é baseado na ideia de que os processos humanos como aprendizado, memória e criatividade, são funções de programas: programas neurolinguísticos, que funcionam mais ou menos efetivamente para alcançar objetivos e metas específicos. A implicação disso é que, como seres humanos, interagimos com o mundo por meio de nossa programação interna. Nós respondemos aos problemas e nos aproximamos de novas ideias de acordo com o tipo de programa mental que estabelecemos, e estes programas não são iguais. Alguns programas ou estratégias são mais eficientes para alcançar certos tipos de atividades do que outros.

Existem sobreposições entre a PNL e outros sistemas de psicologia, pois a PNL extraiu muitas coisas de ciências neurológicas, linguísticas e cognitivas. Ela também extraiu princípios de programação de computadores e teorias de sistemas. Seu propósito é de sintetizar um número de tipos diferentes de modelos e teorias científicos. Um dos valores da PNL é o de juntar diferentes tipos de teorias em uma única estrutura.

Muitas técnicas e instrumentos da PNL foram derivadas através de um processo chamado MODELAGEM. A principal abordagem tem sido modelar comportamentos eficientes e os processos cognitivos que existem por trás deles. O processo de Modelagem da PNL envolve descobrir como o cérebro (neuro) opera pela análise de padrões de linguagem (linguística) e da comunicação não-verbal. O resultado dessa análise é colocado passo-a-passo em estratégias ou programas (programação) que podem ser usados para a transferência de habilidades para outras pessoas em diferentes áreas de aplicação.

Talvez o mais importante aspecto da PNL seja a ênfase na praticidade. Os conceitos e treinamentos enfatizam interação, contextos de aprendizagem experienciais que fazem com que os princípios e procedimentos possam ser facilmente percebidos e compreendidos. Além disso, pelo fato dos processos da PNL terem sido desenhados a partir de modelos humanos eficientes, seus valores e estruturas fundamentais são reconhecidos constantemente por pessoas com alguma ou até mesmo nenhuma experiência prévia.

VISÃO GERAL DA HISTÓRIA DA PNL

A PNL teve sua origem através de John Grinder (com background em Linguística) e Richard Bandler (com background em Matemática e Gestalt

Terapia), com o propósito de fazer modelos explícitos de excelência humana. Seu primeiro trabalho, "A Estrutura da Magia - Vol. I e II" (1975, 1976), identificou padrões verbais e comportamentais dos terapeutas Fritz Perls (o criador da Gestalt Terapia) e Virginia Satir (terapeuta familiar internacionalmente reconhecida). Seu próximo trabalho, Patterns of the Hypnotic Techniques of Milton H. Erickson, M.D. Vol. I & II (1975, 1976) – Padrões de Técnicas de Hipnose de Milton Erickson, M.D. – Vol. I e II (1975, 1976), foi de examinar os padrões verbais e de comportamentos de Milton Erickson, fundador da Sociedade Americana de Hipnose Clínica e um dos mais renomados e bem sucedidos psiquiatras clínicos de nossos tempos.

Como resultado desse trabalho inicial, Grinder e Bandler formalizaram suas técnicas modeladas e suas contribuições individuais com o nome "Neuro-Linguistic Programming" – Programação Neurolinguística, para simbolizar a relação entre cérebro, linguagem e psicologia. Esse nome inclui os três mais influentes componentes envolvidos na produção da experiência humana: **neurologia, linguagem e "programas" mentais**. O sistema neurológico é responsável pela maneira como processamos as informações e regulamos nosso corpo; a linguagem determina como nos relacionamos e nos comunicamos com outras pessoas; e nossa programação determina os tipos de modelos de mundo que nós criamos e agimos através deles. Dessa forma, o propósito da PNL é descrever as dinâmicas fundamentais entre mente (neuro) e linguagem (linguística) e como eles interagem causando efeitos em nosso corpo e comportamentos (programação).

A base desse modelo foi descrita em uma série de livros incluindo "Sapos em Príncipes" (Bandler & Grinder, 1979), Neuro-Linguistic Programming Vol. I (Dilts, Grinder, Bandler, DeLozier, 1980), "Ressignificando" (Bandler & Grinder, 1982), "Roots of NLP" (Dilts, 1983), "Usando sua Mente" (Bandler, 1985), "Introdução a Programação Neurolinguística" (O'Connor and Seymour, 1990). A essência inicial do trabalho de Bandler e Grinder inclui processos como metamodelo de linguagem, sistemas representacionais de preferência, pistas de acesso, descrições baseadas no sensorial, rapport, ancoragem, ressignificação, mudança de história pessoal, dissociação e gerenciamento de estados internos.

Bandler e Grinder desenvolveram muitos dos primeiros modelos e técnicas juntamente com um grupo de colegas e estudantes comprometidos, incluindo Leslie Cameron-Bandler, Judith DeLozier, Robert Dilts, David Gordon and Stephen Gilligan. Essas pessoas também deram contribuições significativas ao campo da PNL, incluindo "Metaprogramas e o Eu Imperativo" (Cameron-Bandler, 1985, 1986), "Posições Perceptivas e o Novo Código da PNL" (DeLozier and Grinder, 1987), "Estratégias Cognitivas e Sistemas de Crenças" (Dilts, 1983, 1990, 1991), "Submodalidades e Metáforas" (Gordon, 1978) e "Hipnose" (Gilligan, 1991). Outros pesquisadores-chave no campo da PNL são Steve & Connirae Andreas, Todd Epstein, Tim Hallbom, Suzi Smith, Ed & Maryann Reese, Tad James, Wyatt Woodsmall e Sid Jacobson.

O campo da PNL evoluiu tremendamente nas últimas duas décadas; principalmente como resultado da contínua aplicação da modelagem em muitas áreas novas. A estrutura "aberta" da PNL permite que ela própria mude e se expanda de acordo com suas próprias descobertas. A cada momento o foco de atenção muda como resultado da modelagem de algum novo fenômeno em nossa experiência e outro nível e/ou padrão é adicionado – há uma compilação na PNL.

O SURGIMENTO DA PNL SISTÊMICA

NLP New Coding (Novo Código da PNL), por exemplo, é uma reformulação dos princípios e processos básicos da PNL, desenvolvida por Judith DeLozier e John Grinder no final da década de 80 (livro "Turtles All The Way Down", 1987). Desenhado de forma profunda, a partir do trabalho de Gregory Bateson na área da Teoria dos Sistemas, o NLP New Code propõe uma reorganização dos métodos e ferramentas da PNL baseando-se nos conceitos-chave de estados, relacionamento entre consciência e inconsciência, posições perceptivas, descrições múltiplas e filtros de percepção. Isso representou uma decolagem do "código antigo" (ou código clássico) da PNL, que era principalmente baseado na organização de linguagem, comportamentos e distinções sensoriais específicos. Em contraste, o ponto de foco do NLP New Coding é a interação e o relacionamento entre elementos em um sistema.

Outro importante desenvolvimento na PNL foi o aparecimento da PNL Sistêmica, que teve como precursores Robert Dilts e Todd Epstein, no final da década de 80. O propósito da PNL Sistêmica foi o de introduzir uma estrutura cibernética, promover uma ênfase na "ecologia" e trazer ferramentas do pensamento sistêmico mais inteiramente na prática da PNL. Além do trabalho de Gregory Bateson na área da cibernética, a PNL Sistêmica incorporou novas ideias e princípios de outros modelos e metodologias sistêmicos, como a Teoria da Auto-organização, a Tecnologia de Rede Neural e a Inteligência Artificial.

No início da década de 90, Dilts e Epstein se uniram com Judith De-Lozier, que adicionou seu trabalho com NLP New Coding. O resultado dessa colaboração é uma abordagem profunda e integrada, que tem sido responsável por muitos dos mais significativos desenvolvimentos recentes na PNL Sistêmica, incluindo o Modelo S.C.O.R.E., os Níveis Neurológicos, a PNL Generativa e a Sintaxe Somática.

A intenção básica da PNL Sistêmica é de sintetizar e expandir os modelos e distinções existentes na PNL, colocando-os numa perspectiva sistêmica. Em semelhança ao NLP New Coding, o foco da PNL Sistêmica é na relação e interação dinâmicas entre os elementos de um sistema, com ênfase na ecologia. Os princípios e métodos da PNL Sistêmica vêm sendo capazes de ampliar as aplicações individuais da PNL para questões relativas a grupos, organizações e culturas. Esses desenvolvimentos são ilustrados no estabelecimento da NLP University, da NLP World Health Community (Comunidade Mundial de PNL em Saúde), da NLP Community Leadership Project (Comunidade do Projeto de Liderança da PNL) e da Global NLP Training and Consulting Community (Comunidade Global de Treinadores e Consultores de PNL).

A PNL está agora em sua quarta década como um campo de estudos e evoluiu consideravelmente desde seu início no meio da década de 70. Como estamos na terceira geração de desenvolvedores, treinadores e praticantes de PNL ao redor do mundo, chegou também o momento de reconhecer a terceira geração da PNL.

A primeira geração da PNL foi originalmente o modelo desenvolvido por Bandler e Grinder através dos seus estudos de terapeutas eficientes. Essas primeiras aplicações da PNL eram focadas quase que totalmente no indivíduo. Ela pressupunha uma relação terapêutica em que o terapeuta sabia o que era o melhor para seu cliente. A PNL era considerada como algo que "um fazia com o outro" e isso fez com que suas aplicações parecessem ser manipuladoras em contextos não-terapêuticos. Muitos instrumentos e técnicas da primeira geração eram focados em resolver problemas nos níveis de comportamentos e capacidades.

A segunda geração da PNL começa a aparecer do meio para o final da década de 80. Neste tempo, a PNL foi se expandindo para abraçar outras questões dentro do contexto terapêutico. Embora ainda focasse em indivíduos, a segunda geração da PNL começou a enfatizar as relações entre as pessoas e amplamente incluiu áreas como negociação, vendas, educação e saúde. Os instrumentos da PNL também se expandiram para incluir questões mais elevadas relacionadas com crenças, valores e "meta programas". Suas técnicas integraram o uso de novas distinções, tais como linha do tempo, submodalidades e posições perceptivas.

A terceira geração da PNL vem se desenvolvendo desde a década de 90. Suas aplicações são generativas, sistêmicas e focadas em questões ainda mais elevadas como identidade, visão e missão. Ela enfatiza a mudança sistêmica como um todo e pode ser aplicada no desenvolvimento organizacional e cultural tanto quanto no individual e em times.

Todas as gerações da PNL focam na estrutura e funcionamento da mente (essa é a essência da PNL). As duas primeiras gerações, entretanto, colocaram quase que exclusivamente atenção na mente cognitiva. A terceira geração expandiu para incluir tanto processos somáticos quanto dinâmicas de um sistema mais amplo, isto é, do "campo", fazendo assim uma "Unidade da Mente". Dessa forma, a terceira geração da PNL trabalha com a interação entre três "mentes":

1. A Mente Cognitiva - que surge do cérebro.
2. A Mente Somática - centrada no corpo.
3. A Mente do Campo - que vem da nossa conexão e relacionamento com outros Sistemas em nossa volta.

A terceira geração da PNL almeja desenvolver e sustentar uma relação orgânica entre essas três mentes. As técnicas da terceira geração têm a ver com centrar-se na essência somática, patrocinando cognitivamente o desenvolvimento da unidade entre pessoas e conectar-se através das relações, com a sabedoria e a orientação de dentro do sistema maior em nossa volta.

(Baseado na Enciclopédia de PNL Sistêmica e NLP New Coding, de Robert Dilts & Judith DeLozier - NLP University Press)

1
Acessando os sentidos da audiência para obter resultados mais eficazes

Alexandre Prado

Alexandre Prado

Coach, consultor, professor e escritor atuando no Brasil e exterior. Por 22 anos dirigiu e presidiu empresas nacionais e multinacionais. Fundador da Núcleo Expansão, conselheiro do Instituto Imprendere, membro da Sociedade Brasileira de Neurociências e Comportamento - SBNeC e da Associação Brasileira de Recursos Humanos - ABRH-RJ e associado a International Coach Federation - ICF e a Meta Coaching Foundation - MCF.
Possui graduação, MBA e mestrado em Finanças, com cursos de extensão em Nova Iorque, Boston e Oxford.
Possui, ainda, diversas certificações internacionais em Coaching e Mentoring, reconhecidas por ICF, ISNS e MCF.
Master Practitioner e Trainer em PNL, certificado em Dinâmica da Espiral por Don E. Beck, nos Estados Unidos e em Inteligência Espiritual e Liderança Quântica por Danah Zohar, na Inglaterra; autor de livros.

contato@nucleoexpansao.com.br
(21) 3074-1501/ 96991-0401/ 98904-0501
www.nucleoexpansao.com.br

Este capítulo tem como objetivo apresentar ao leitor algumas dicas de como, utilizando conceitos e premissas da Programação Neurolinguística (PNL), atingir resultados mais eficazes quando estiver ministrando aulas, apresentando uma palestra ou exibindo didaticamente algum conteúdo a um determinado público.

Vez ou outra, entretanto, serão importantes algumas intervenções para trazer ao debate alguns conceitos importantes e úteis ao docente, leitor deste livro.

Antes de entrar especificamente em conceitos da PNL, permito-me trazer um tema fundamentalmente ligado à relação professor-aluno: a comunicação.

Comunicação é o ato ou efeito de tornar comum algo. O ato de comunicar compreende uma mensagem que passa, em regra, de uma pessoa a outra (ou outras), ou seja, na transmissão de informação entre um emissor e um receptor (ou receptores) que decodifica (interpreta) uma determinada mensagem.

Alguns dizem que é impossível não comunicar; o silêncio já é uma comunicação. É um circuito fechado: aquilo que fazemos influencia o outro e vice-versa.

A comunicação tem como elementos básicos:

✓ **Emissor** ✓ **Receptor** ✓ **Mensagem** ✓ **Código**
✓ **Canal de Comunicação** ✓ **Contexto** ✓ **Ruído**

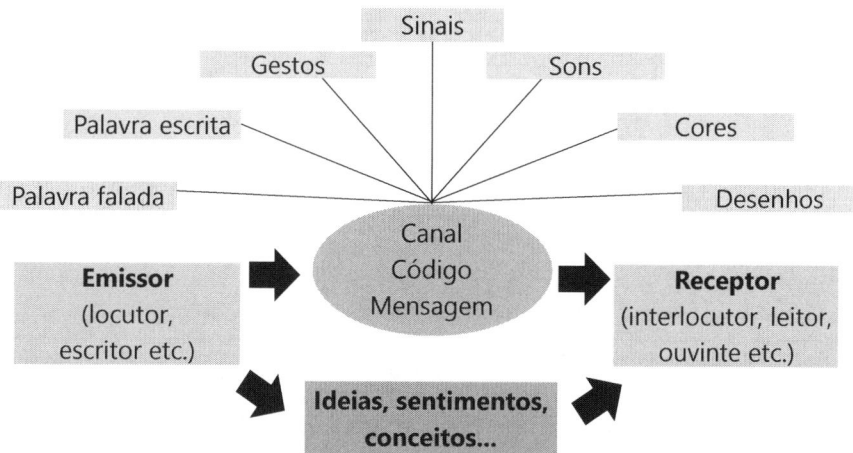

Estudos[1] comprovam que a comunicação engloba três outros aspectos básicos, cada qual com seu grau de influência, e o bom professor deve estar atento a eles: linguagem corporal, as palavras propriamente ditas e qualidades vocais.

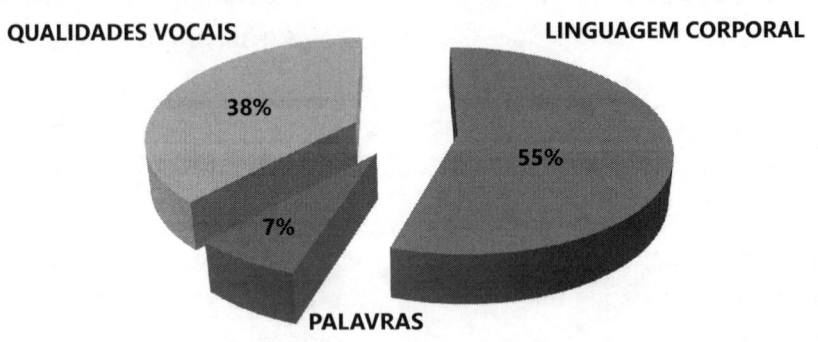

Após esses comentários introdutórios, vamos ingressar na PNL, propriamente dita.

Seja como for o mundo que nos rodeia, necessitamos de nossos sentidos para percebê-lo, explorá-lo e delimitá-lo. Quando vemos, ouvimos, cheiramos, tocamos ou degustamos, estamos reapresentando o mundo a nós mesmos, criando, então, uma representação deste mundo externo e o fazemos utilizando nossos cinco sentidos. A Programação Neurolinguística (PNL) se baseia em como utilizamos os sentidos para captar este mundo lá fora e lhe dá o nome de sistemas representacionais.

Em regra, ainda que de forma inconsciente, usamos todos os nossos cinco sentidos – ou sistemas representacionais. Logicamente, como cada ser humano é único, alguns têm a visão mais apurada que a audição; outros necessitam tocar em algo e chegam a fechar os olhos para captar integralmente uma forma; há aqueles que percebem algo pelo olfato e podem utilizar esta habilidade até profissionalmente, como os perfumistas. Esses são apenas alguns exemplos.

---

1. Albert MEHRABIAN & FERRIS. "Inferences of attitudes from nonverbal communication in two channels", in The Journal of Counselling Psychology, vol. 31, 1967, pp.248-52

Os cinco sistemas representacionais, portanto, são:
V – visual – ver
A – auditivo – ouvir
C – cinestésico – sentir
O – olfativo – cheirar
G – gustativo – saborear

Sistema visual

Criamos nossas imagens internas visualizando. Quando imaginamos estar olhando para uma cena, estamos usando o sistema visual. Da mesma maneira, quando estamos imaginando, visualizando ou fantasiando algo, estamos acionando esse sistema. Aqueles que usam preferencialmente o sistema visual utilizam mais predicativos (verbos, adjetivos e advérbios visuais) e, além disso, olham muito para cima ao pensar e raciocinar.

Sistema auditivo

O sistema auditivo processa sons internos e externos, ou seja, para ouvir músicas, escutar as pessoas, mas também falar consigo mesmo. Quem usa como sistema representacional principalmente o canal auditivo, além de usar mais predicativos auditivos, movimenta os olhos mais na linha horizontal quando está pensando.

Sistema cinestésico

Quando utilizamos nossos sentidos internos e externos de consciência corporal para o equilíbrio e o tato estamos acionando o sistema cinestésico. Os que têm essa preferência, além de usar predicativos cinestésicos, falam mais devagar, num tom mais para grave e olham mais para baixo e para a direita.

Sistema olfativo

Esse sistema processa odores lembrados e criados.

Sistema gustativo

O sistema gustativo processa sabores lembrados e criados.

Até este momento é útil e fundamental entender que:

1) A comunicação é o meio – com várias nuances – de fazer chegar uma mensagem ao seu interlocutor.

2) Os sistemas representacionais existem e são cinco.

3) Cada indivíduo é único.

Tendo em mente os três aspectos citados acima, podemos começar a abordar 'COMO' acessar os sentidos da audiência para obter resultados mais eficazes. Trarei vários conceitos úteis para atingir esse fim.

A nossa mente consciente assemelha-se a um iceberg. Grande parte dos nossos processos mentais são inconscientes e, muitas vezes, nós nos tornamos conscientes somente dos resultados. Portanto, ao professor é fundamental compreender que na maioria das vezes o aluno não sabe como aprende ou como está processando os conteúdos apresentados. Ele simplesmente aprende e retém, ou não. E o professor pode facilitar muito a efetividade desse processo. Como? Vou mostrar nos tópicos seguintes.

PRESSUPOSTOS ÚTEIS

Cada um de nós possui um "mapa mental" e um conjunto de pressuposições a partir das quais nos comunicamos com o meio externo. Essas pressuposições são comunicadas, pelo nosso comportamento, ao ambiente em que nos encontramos e às pessoas com quem lidamos. O tom de voz, os gestos, as posturas, as palavras que proferimos, o contato visual etc. são meios de comunicação e formam um "conjunto" que determina como somos percebidos pelas pessoas às quais nos dirigimos. Essa percepção é processada principalmente em suas mentes inconscientes. É importante atentar para o fato que, de alguma forma, nós somos os mensageiros e, ainda que intrinsicamente, carregamos conosco a mensagem que desejamos entregar à audiência.

Os pressupostos ou princípios da PNL são assim chamados porque nós assumimos que eles são verdadeiros e agimos de maneira congruente com eles. Eles não reivindicam serem verdadeiros ou universais. Não abordarei aqui todos os 20 pressupostos, somente aqueles que, em minha percepção, serão mais úteis aos objetivos do presente texto. No entanto, como simpatizante dos fundamentos e conteúdos da PNL, recomendo ao leitor, o aprofundamento na matéria. Então, são estes os pressupostos aos quais me refiro:

1. O que o grupo percebe como tendo sido dito por você é o que importa e não aquilo que você pretendia dizer.

2. Sempre estamos comunicando e a comunicação não verbal transporta cerca de 90% da mensagem. A comunicação é redundante e "você é a mensagem"!

3. O mapa não é o território. As pessoas reagem ao seu próprio mapa ou representação da realidade e não à realidade.

4. Para ter rapport com outra pessoa é essencial respeitar seu modelo de mundo. A chave para ensinar e influenciar as pessoas é entrar no seu modelo de mundo.

5. Não existem pessoas sem recursos, apenas estados sem recursos. Ninguém é totalmente errado ou limitado. É uma questão de descobrir como a pessoa funciona e ver o que e como pode ser mudado para se obter um resultado mais útil e desejável.

6. As pessoas fazem as melhores escolhas que podem a cada momento.

7. Qualquer pessoa pode aprender qualquer coisa.

8. A pessoa que se comunica com o maior número de opções sai ganhando (e os outros também).

9. Resistência em um aluno é um sinal de falta de rapport do professor. Não existe aluno incompetente, apenas professor com falta de flexibilidade.

10. Processamos todas as informações através de nossos sentidos. Usamos nossos sentidos para dar sentido ao mundo.

11. Todo comportamento tem uma intenção positiva.

ATENÇÃO, PROFESSOR: QUAL A MOTIVAÇÃO DO PÚBLICO?

Quase todas as pessoas têm necessidade de crescer e se desenvolver. Algumas têm essa percepção clara, outras, não. Algumas pessoas recorrem a um treinamento porque estão interessadas e motivadas; outras, porque foram forçadas pelo chefe ou pelos pais. É importante saber lidar com as diferentes pessoas e com as diferentes motivações que as levaram a estar ali.

Bem, temos agora mais um conceito importante a ser explorado: a motivação.

Motivação é um impulso, um sentimento que faz com que as pessoas ajam para atingir seus objetivos. A motivação é um elemento essencial para o desenvolvimento do ser humano. Com motivação é muito mais fácil cumprir as tarefas. É muito importante ter motivação para trabalhar, para estudar, para dispor-se a aprender algo etc.

Essa motivação pode vir de uma chama interna, ou seja, cada pessoa tem a capacidade de se motivar ou desmotivar, também chamada de automotivação. Há também a motivação externa, que é aquela gerada por um aspecto exógeno: o ambiente, outras pessoas, fatos, entre outros.

Sendo o comportamento humano fundamentalmente orientado por objetivos, sejam eles conhecidos ou inconscientes, resta evidente a importância de se associar a motivação a esses objetivos.

É preciso ter em mente que o professor é o agente propulsor da ação de aprendizagem. A atenção do público tem uma grande força e o professor deve ser hábil para perceber a turma e apto a adaptar-se a constantes mudanças e novas exigências da audiência. O professor deve lançar mão de todos os recursos disponíveis a fim de manter os alunos motivados. O professor deve inspirá-los a permanecer na busca do aprendizado. Há outro recurso bastante interessante para manter a atenção do aluno no professor e no conteúdo apresentado: chama-se rapport, mas voltaremos a falar nele mais à frente.

O AMBIENTE: ASPECTO FUNDAMENTAL NO APRENDIZADO

Como a maior parte da aprendizagem é um processo inconsciente, cabe ao professor saber criar um ambiente que maximize as possibilidades para que ela ocorra.

Já sabemos que os sistemas representacionais são cinco. O professor deve usar todos os recursos de que disponha para acessar todos os sentidos dos alunos, visto que alguns deles serão mais visuais, outros auditivos, outros cinestésicos, por exemplo.

Para aqueles indivíduos visuais, a decoração e organização de mesas e cadeiras na sala de aula, as cores presentes em toalhas, a luminosidade do ambiente, tudo aquilo que chegar a eles através da visão é uma porta aberta para influenciá-los, positiva ou negativamente.

Já para os indivíduos auditivos, os sons do ambiente, da música, a maneira como o professor se expressa verbalmente, inclusive tom e velocidade da voz, tudo isso impacta a maneira como eles aprenderão, ou não.

Aqueles que são mais cinestésicos tenderão a perceber o ambiente por meio dos aromas, dos gostos, do toque. Então, a sala pode estar bem arrumada e organizada, com uma música bela e adequada sendo tocada, mas se houver um incenso aceso e fora do contexto, isso impactará negativamente o aprendizado do aluno, pois ele se sentirá incomodado. O mesmo poderá acontecer se a cadeira for desconfortável ou se o ar condicionado estiver muito frio ou muito quente.

O importante é que o professor seja cauteloso ao adotar os recursos disponíveis, pois o ambiente influencia substancialmente na qualidade do aprendizado e na maneira como a audiência percebe o conteúdo que está sendo oferecido.

RAPPORT

Outro aspecto muito importante e útil é que o professor aprenda a estabelecer conexão entre ele e os alunos e a isso chamamos de rapport.

Rapport acontece quando você equipara seu comportamento, pensamento e nível de energia ao de outra pessoa. Ele acontece naturalmente quando as pessoas tomam consciência – ainda que de forma inconsciente – um do outro e começam a se comunicar. Pessoas em rapport agem de maneira cooperativa e harmoniosa simplesmente por estarem juntas e daí surge um senso de reconhecimento mútuo.

O rapport funciona melhor quando acontece espontaneamente. É, todavia, algo que se pode aprender e, estando apto a fazê-lo, o resultado é extraordinário.

O rapport é um pré-requisito para uma comunicação eficaz. Então, se deseja, por exemplo, ministrar aulas ou palestras, você precisa estabelecer rapport com seus alunos e ouvintes. Precisa ter flexibilidade, perspicácia e intuição suficientes para ser capaz de entrar na realidade do outro. Quando você faz isso, ele se sente reconhecido – muitas vezes inconscientemente – e estará disposto a se relacionar com você. Em um estado de rapport, as pessoas tendem a ficar mais receptivas, ter menos objeções e têm maior probabilidade de receber e aceitar o que você diz.

Ao estabelecer um status de rapport, você cria semelhanças. Você pode criar rapport com alguém equiparando a sua maneira de comunicar. Veja os seguintes exemplos:

✓ Falar as palavras que ele usa, os jargões, os termos preferidos, independente de você achar bacana ou não. Nesse momento, não interessa seus gostos e opiniões, mas sim o significado para o outro.

✓ Usar a mesma velocidade, tom e volume de voz.

✓ Adotar a mesma fisiologia, a mesma postura e gestos.

✓ Reafirmar também ajuda a estabelecer rapport. Reafirmação é a repetição dos pontos-chave usando as palavras do outro, no contexto dele. É importante repetir as palavras-chave que assinalam os valores da outra pessoa. O tom de voz ou os gestos vão enfatizá-los. É importante frisar o que chamamos de 'gestos semânticos', que são aqueles em que os gestos de alguém são utilizados para explicar uma sequência de fatos, o tamanho de algo ou a temporalidade.

Quando encontramos alguém pela primeira vez, é muito comum nós fazermos perguntas para descobrir algo em comum e, dessa maneira, estamos estabelecendo rapport baseado na semelhança de experiências: frequentamos a mesma escola? Torcemos pelo mesmo time? Visitamos o mesmo lugar? Gostamos da mesma comida? As perguntas são infinitas. Logo que encontramos algo em comum, o rapport começa a se formar. Daí a adotar a mesma postura e fisiologia é um passo pequeno. Fazemos isso o tempo todo, mas pode ter ocorrido de não termos tomado consciência desse fato até agora.

Quando se está em rapport com alguém, este alguém estará direcionando sua atenção a você, aberto a ouvir o que você tem a dizer e isso facilita a comunicação. Então, o rapport pode facilitar a maneira de conseguir os resultados que você quer dentro da sala de aula.

METÁFORAS

Outra forma muito útil de manter a atenção dos alunos e, principalmente, de ensinar-lhes o conteúdo que está sendo apresentado, recai no uso de metáforas. Segundo o famoso dicionário Aurélio Buarque de Holanda:

"Metáfora é uma figura de linguagem que consiste na transferência da significação própria de uma palavra para outra significação, em virtude de uma comparação subentendida. Por exemplo, quando se diz "Ele é uma raposa", emprega-se uma metáfora, isto é, usa-se o nome de um animal para descrever um homem que possui uma qualidade, astúcia, que é própria do animal raposa."

O uso de metáforas é muito utilizado no processo de aprendizagem, assim como no processo terapêutico. O Instituto Girasol do Brasil, criado em 1999, a partir da Metodologia Girasol desenvolvida na Espanha, em 1984, utiliza fortemente as metáforas no tratamento de usuários e dependentes químicos. Segundo o Instituto "os contos, com seu potencial para despertar o imaginário e o sonho(...), reservam valioso caudal de energia para a construção e realização de um projeto de vida".

AS MÚLTIPLAS INTELIGÊNCIAS

O pesquisador e psicólogo norte-americano Howard Gardner Ph.D., da Universidade de Harvard, criador da 'Teoria das Múltiplas Inteligências', identificou inicialmente oito tipos de inteligências. Posteriormente, mais uma foi agregada ao rol, a Existencial. Todas as pessoas possuem essas inteligências, mas, devido à forma de educação e às influências genéticas, familiares, ambientais, culturais etc., algumas desenvolvem-se mais que outras. Com treino e foco todas podem ser desenvolvidas.

Mas o que é inteligência? Na perspectiva do Dr. Gardner, a inteligência "é o potencial de cada ser humano, não podendo ser quantificado, mas, antes, unicamente observado e desenvolvido através de determinadas práticas".

A ativação e o uso de mais de uma inteligência durante as atividades de aprendizagem facilitam e aceleram o aprendizado e promovem melhor retenção das informações. Quanto mais tipos de inteligência são utilizados, mais ativação cerebral acontece. Estando o professor ciente das diferentes formas de inteligência, poderá preparar-se, conscientemente, a fim de atingir o maior número de alunos através de meios distintos.

As nove inteligências aqui abordadas são:

1. LINGUÍSTICA - capacidade elevada de utilizar a língua para comunicação e expressão.

2. LÓGICA E MATEMÁTICA - voltada para conclusões baseadas em dados numéricos e na razão.

3. VISUAL E ESPACIAL - habilidade na interpretação e reconhecimento de fenômenos que envolvem movimentos e posicionamento de objetos.

4. MUSICAL - inteligência voltada para a interpretação e produção de sons com a utilização de instrumentos musicais.

5. CORPORAL OU CINESTÉSICA - grande capacidade de utilizar o corpo para se expressar em atividades artísticas e esportivas.

6. INTERPESSOAL OU SOCIAL - facilidade em estabelecer relacionamentos com outras pessoas.

7. INTRAPESSOAL - pessoas com esta inteligência possuem a capacidade de se autoconhecerem, tomando atitudes capazes de melhorar a vida com base nestes conhecimentos.

8. NATURALISTA - voltada para a análise e compreensão dos fenômenos da natureza (físicos, climáticos, astronômicos, químicos).

9. EXISTENCIAL - trata da capacidade de refletir e ponderar sobre questões fundamentais da existência.

ÚLTIMAS PALAVRAS

Nas sábias palavras do grande mestre Paulo Freire, temos um belo exemplo:

"Ninguém ignora tudo.
Ninguém sabe tudo.
Todos nós sabemos alguma coisa.

Todos nós ignoramos alguma coisa.
Por isso aprendemos sempre."

Honrar o ofício de professor, de mestre, não é uma tarefa fácil! A cada dia somos mais exigidos, mais desafiados, mais testados. E sabemos disso! E perseveramos nesse ofício, muitas vezes inspirados por aqueles que foram grandes sábios, alguns há muitas gerações, como Sócrates, que afirmou "Só é útil o conhecimento que nos torna melhores". Quanta sabedoria nessa passagem! A cada dia que nos postamos diante dos alunos e nos sentimos exigidos, desafiados e testados, nos impomos ser melhores e mais capazes para propagar os conhecimentos adquiridos. E a cada aluno que aprendeu algo através de nós, isso nos faz ser melhores!

Agradeço aos meus professores e mestres por tudo o que me ensinaram e rogo para ter sucesso na minha missão de difundir o que aprendi. Esse é o ciclo natural e permanente da vida: aprender, ensinar, aprender, ensinar...

"A lição sabemos de cor, só nos resta aprender."
(Beto Guedes e Ronaldo Bastos, em 'Sol de Primavera')

REFERÊNCIAS BIBLIOGRÁFICAS:

ALLEN, Rich. Train smart: ensinando e treinando com inteligência. Rio de Janeiro: Qualitymark, 2003.

DILTS, Robert. Enfrentando a audiência: Recursos de Programação Neurolinguística para apresentações. São Paulo: Summus, 1997.

DILTS, Robert e EPSTEIN, Todd A. Aprendizagem dinâmica 1. São Paulo: Summus, 1999.

DILTS, Robert e EPSTEIN, Todd A. Aprendizagem dinâmica 2. São Paulo: Summus, 1999.

O'CONNOR, Joseph. Manual de Programação Neurolinguística: PNL: um guia prático para alcançar os resultados que você quer. Rio de Janeiro: Qualitymark Editora, 2012.

O'CONNOR, Joseph e SEYMOUR, John. Treinando com a PNL – Recursos da Programação Neurolinguística para administradores, instrutores e comunicadores. 3. Ed. - São Paulo: Summus, 1996.

2
PNL para professores

Ana Cristina de Souza

Ana Cristina de Souza

Master Coach e Consultora PEAKS, com certificação internacional (ICF). Experiência em gestão empresarial e estratégias de negócio com foco em soluções e inovação. Especialista em comportamentos motivacionais e TDAH, atuando com jovens e adolescentes.

(21) 98347-8672
noparadigma7@ig.com.br

1. IDENTIFICANDO O POTENCIAL DE CADA UM
Você é o meu herói!

Existem muitas possibilidades. Tudo depende de como as coisas são conduzidas em nossas vidas! E os professores têm um papel fundamental para o desenvolvimento e o crescimento do indivíduo.

Aconteceu comigo! E este fato mudou o curso de minha história e o de muitas outras pessoas até os dias atuais.

Então, compartilho com vocês um caso real, no qual as utilizações de técnicas de PNL – Programação Neurolinguística contribuíram de maneira positiva e ajudaram um jovem adolescente, cheio de planos e de um futuro de infinitas possibilidades, a não desistir de si e não permitindo que ele afundasse junto com seus sonhos em meio a questões que o limitavam e que iam além de sua compreensão racional, intelectual e emocional.

Este com certeza se tornou "um caso de amor".

Professor, pai, mãe, colega, marido, esposa, convido você neste momento a olhar com o coração para o seu aluno, filho, o futuro das gerações. E façam a seguinte pergunta:

"Como posso contribuir positivamente para seu êxito na vida? O que eles querem e o que eles buscam? Como se sentem numa sala de aula e quais são suas limitações e potencialidades?"

Lembrem-se, nós já passamos por tudo isso. E olhem para nós agora, superamos, aprendemos, ensinamos, vencemos e continuamos a busca! Pelo conhecimento, entendimento da vida e das coisas que nos acontecem, desejamos ser melhores hoje do que fomos ontem, buscamos o amor eterno e a felicidade plena.

"A cada dia, os indivíduos extremamente talentosos e criativos sentam-se em nossas salas de aula entediados e sem consciência de si e deste potencial. Os professores atuam como coautores do desenvolvimento do aluno. É preciso encorajá-los a descobrir e a deixar transbordar esse potencial e mostrar a eles quanta possibilidade reside dentro de si e, em seguida, dar-lhes um espaço seguro para encontrar suas identidades. Tantas crianças com dificuldades de aprendizagem específicas (por exemplo, dislexia, autismo, TDAH) - que têm áreas de pontos fortes e fracos e são rotulados como "incapazes de aprender". Eles são alimentados com um fluxo constante de expectativas negativas diariamente e isso tem um grande impacto em seu desempenho, diz o psicólogo Scott Barry Kaufman em seu artigo Why Education Needs more Radioactive Spiders" (setembro de 2013).

Ao olharmos para os alunos como um livro com páginas em branco, identificaremos quais são seus reais potenciais e limitações e, principalmente, perceberemos como poderemos contribuir e criar melhores estratégias para o bom desempenho dentro de sala de aula.

Cada um possui poderes que habitualmente deixa de usar.

Quando as pessoas são incentivadas de maneira a deixar brotar seu potencial criativo e sua inteligência individual, isso pode ajudá-las a alcançar patamares mais elevados de desempenho, permitindo serem mais felizes!

A inteligência individual está associada ao propósito de cada um. Ela é intransferível, pois cada um tem um propósito de vida, um objetivo. Essa inteligência individual é acionada por meio da motivação pessoal do indivíduo para atingir seu objetivo, identificando recursos internos e externos que o torna capaz de desenvolver habilidade e competências movidas pelo desejo maior da conquista.

Que recursos podem ser usados para fortalecer a atuação dentro de sala de aula e na vida de cada um?

Devemos dar uma chance ao aluno. Aprender com ele como ele aprende. E aí, sim, ensinarmos. Esse é nosso grande desafio!

2. APRENDIZAGEM DE MÃO DUPLA
Aprendizagem

A aprendizagem é um processo contínuo e constante, considerando experiências da vida, do ambiente que nos cerca, das referências pessoais e que produzem um resultado em cada indivíduo.

Quantos são os que assumem a responsabilidade de ensinar às crianças COMO aprender?

Aprender é uma habilidade que precisa ser aprendida. E na sala de aula não é diferente.

Aprender como aprender envolve um conjunto de estratégias e habilidades adquiridas através dessas experiências, vivência e atuação. Esse é um processo individual e traz consigo "significados" ou representações internas particulares, no qual padrões de comportamentos são ativados.

Cada um tem sua própria maneira de aprender e ver as coisas.

Podemos afirmar que a aula torna-se mais fácil e eficaz quando o professor apresenta a matéria da maneira em que o aluno percebe e compreende melhor a informação.

Vamos descobrir juntos?

Motivação

Motivação é um desejo ou sentimento que cada indivíduo traz consigo e faz com que ele aja para atingir seus objetivos e conquistar o que almeja, dando o melhor de si. Acredite, fazemos sempre o melhor que podemos no momento.

A aprendizagem deve ser naturalmente motivadora o suficiente para gerar e manter o interesse do aluno naquilo que se pretende ensinar. Gerar foco e atenção requer maestria e um pouco de criatividade e entusiasmo. E nisso você é mestre!

Comunicação

Cada um tem uma representação interna daquilo que vê, ouve e sente. Por isso, o aluno deve ser capaz de tornar-se consciente dos seus próprios processos mentais e recursos individuais para realizar uma tarefa ou atividade. Através de estratégias específicas, o professor pode ajudar muito nesse processo, percebendo situações em que o aluno apresenta melhor desempenho para realizar determinada tarefa. Apoiar e ser fonte de inspiração e segurança nos momentos em que a angústia, o desânimo, o medo ou qualquer outro estado limitador o impeça de brilhar. Dê-lhes um tempo a mais para descobrir e entender seus próprios recursos.

Outro fator importante é a comunicação. Ela é feita numa via de mão dupla, na qual o comunicador tem a maior responsabilidade pelo estabelecimento da comunicação e compreensão da mensagem. Por isso, certifique-se que o que está sendo dito está sendo compreendido. Pergunte e peça o "feedback" da mensagem, como por exemplo 'o que você entendeu do que eu disse? Explique com suas palavras...'. E se preciso for, desenhe! Dance, cante, represente, faça mímicas... aproveite com alegria esse momento.

Empatia (rapport)

Através da empatia somos capazes de entrar na realidade do outro, ou seja, nos espelhamos no seu comportamento, linguagem e gestos, como numa dança espontânea. Para que isso aconteça, é necessário haver flexibilidade e, acima de tudo, manter o coração aberto, a mente aberta e suspender o senso de julgamento. No instante em que o outro reconhece que você está conectado a ele, criando semelhanças entre ambos, se abre o caminho para a comunicação e troca efetiva e afetiva. Afinal, somos todos humanos!

3. SISTEMAS REPRESENTACIONAIS

Cada indivíduo possui uma maneira melhor para representar a informação.

Nós temos cinco sentidos que são chamados de sistemas representacionais. O termo se refere a que sentido nós estamos prestando atenção. Será que estamos mais conscientes do que estamos vendo (visual), ou do que estamos ouvindo (auditivo), ou do que estamos sentindo ou percebendo fisicamente (cinestésico), ou cheirando (olfativo) ou sentindo o gosto (gustativo)?

Os sentidos são a fonte de entrada da informação. Ouvimos, vemos e sentimos tudo aquilo que processamos em nosso cérebro. E ainda, existe um sentido que predomina na hora de absorver a informação.

O sistema visual é usado para nossas imagens internas, visualização, "sonhar acordado" e imaginação. Palavras comumente usadas são: ver, olhar, imagem, foco, imaginação, cena, branco, visualizar, perspectiva, brilho, refletir, clarificar, prever, ilusão, ilustrar, notar, panorama, revelar, ver, mostrar, visão, observar, nebuloso, escuro. Ex: Está claro para mim.

O sistema auditivo é usado para ouvir música internamente, falar consigo mesmo e reouvir as vozes de outras pessoas. Palavras comumente usadas são: ouvir, dizer, sotaque, ritmo, ruidoso, tom, ressoar, som, monótono, surdo, tocar, reclamar, pronúncia, audível, claro, discutir, proclamar, comentar, ouvir, tom, gritar, sem fala, oral, contar, silêncio, dissonante, harmonioso, agudo, quieto, mudo. Ex: Música para meus ouvidos.

O sistema cinestésico é feito de sensação de equilíbrio, de toque e de nossas emoções. Palavras comumente usadas são: toque, ação e movimento, tocar, manusear, contato, empurrar, esfregar, sólido, morno, frio, áspero, agarrar, pressão, sensível, estresse, tangível, tensão, toque, concreto, suave, segurar, pegar, arranhar, firme, sofrer, pesado, leve. Ex: Eu sinto que vou acertar.

A linguagem que usamos dá pistas para a nossa maneira de pensar.

Conhecer o sistema representacional de preferência do aluno permite ao professor apresentar a informação através do sistema que o aluno mais usa e o capacita a "falar literalmente a linguagem dele".

Por outro lado, pode acentuar o rapport e tornar o que está sendo falado mais fácil de ser entendido e mais atraente para o aluno.

Numa aula, utilizar todos os sistemas representacionais aumenta as chances de compreensão da comunicação. Através da fala, imagens e atividades que envolvam o corpo e os sentidos.

4. CRENÇAS FORTALECEDORAS

Crenças fortalecedoras são pressuposições que fortalecem o indivíduo.

E por que não usá-las para estimular e incentivar nossos alunos?

Todos nós queremos fazer o melhor que podemos.

Quando nos deparamos com um problema ou uma tarefa para a qual não temos solução, nós descobrimos a melhor solução que podemos.

Às vezes quando um aluno age de um modo inadequado, não significa que as suas intenções são ruins. Ele pode apenas precisar de uma maneira mais criativa ou diferente para realizar a tarefa, pois atrás de todo comportamento existe uma intenção positiva!

Se procurarmos por uma profunda intenção positiva oculta pelo comportamento e os ajudarmos a descobrir melhores maneiras de satisfazer a intenção positiva, então nós nos tornamos seus aliados e eles não têm por que brigar conosco ou opor-se a nós e serão capazes de deixar de lado qualquer comportamento inadequado.

Todos somos capazes de aprender! Se for possível no mundo para alguém, será possível para outros!

Acreditar nessa pressuposição abre um mundo de possibilidades e nos mantém afastados de crenças limitantes sobre nós mesmos, nos conduzindo à descoberta de soluções. Além de nos colocar em outros estados maravilhosos, tais como curiosidade, alegria, deleite e pensamento positivo.

Algumas vezes o maior obstáculo para o aprendizado é que a quantidade ou a extensão do material é opressiva para o aluno.

O material ou a atividade quando segmentado, dividido em partes ou em tamanhos mais administráveis, torna a tarefa mais realizável.

Geralmente, acusamos o aluno de não estudar o suficiente, ou de não estar motivado, de ser preguiçoso ou de ser rebelde ou desinteressado. Muitas vezes, nós o rotulamos como incapaz de aprender. Depois de algum tempo, quando esse resultado se torna insuportável, o aluno começa a acreditar nesses rótulos, o que afeta sua autoestima de maneira devastadora. Talvez o aluno somente não saiba COMO aprender.

Várias das crenças limitantes causam trauma emocional aos alunos e afetam a sua autoestima de uma maneira negativa. Eles carregam essa baixa autoestima até a idade adulta, o que cria outros problemas para a sociedade.

É tempo para multiplicar uma nova base de crenças que fortaleça alunos e professores em geral.

A baixa autoestima desliga o aluno do aprendizado por falta dele acreditar em si e na sua capacidade, fazendo com que se desligue da escola e torne-se alvo fácil para gangues, drogas e outros comportamentos antissociais. Com isso aumentam as chances de se tornar um adulto com limitações.

5. ELOGIO E ENCORAJAMENTO

"O elogio é como a luz do sol para o ardente espírito humano. Sem ele não florescemos nem crescemos. Mas enquanto muitos de nós estamos preparados para soprar contra os outros o frio vento da crítica, de algum modo relutamos em dar ao próximo o aquecedor raio de sol do elogio."(Jess Lair).

Segundo B. F. Skinner, psicólogo contemporâneo, devemos "elogiar, mas não criticar". Ele demonstrou através de experimentos que, quando se diminui a crítica e se enfatiza o elogio, as coisas boas que as pessoas fazem recebem reforço e as coisas não tão boas são atrofiadas por falta de atenção.

Recompensar os progressos para alunos com déficit de atenção é muito importante, devido à dificuldade maior que estes apresentam para realizar algumas atividades, pois aumenta sua autoconfiança e os estimulam a conquistar maiores desafios.

A atitude positiva do professor é fator DECISIVO para a melhora do aprendizado.

6. ENSINANDO COM O CORAÇÃO

Qual é o papel do professor? Qual sua real importância no contexto do desenvolvimento humano?

A escola é um dos principais ambientes de relevância pessoal e emocional do ser humano. É onde estabelecemos grande parte de nossas relações interpessoais, bem como somos colocados em frente aos desafios diários e aprendemos como lidar com eles.

O professor tem um papel muito importante na vida dos seus alunos. É através deles que advém a maior contribuição para seu desenvolvimento intelectual. O professor tem o poder de orientar e ser exemplo para a maioria dos alunos, devido à sua evidência, autoridade e corresponsabilidade na educação.

Os professores são aqueles que apoiarão e ajudarão os alunos a avançar e a superar muitas das suas limitações. Poderão ser vistos como verdadeiros heróis e com isso o poder de influenciar tais vidas é muito grande, assim como a responsabilidade sobre eles também será. Muitas vezes, são os melhores exemplos de vida!

Podemos afirmar que através desse exemplo, muitos alunos se espelharão nos seus professores e isso trará resultados na vida de ambos. É a generosidade, esforço, dedicação e amor salvando vidas e construindo futuros. Porque ensinar e aprender são um caminho de mão dupla.

7. UM CASO DE AMOR

Há alguns anos, vivi um grande desafio com meu filho, na ocasião com 13 anos, por prejuízos causados pelo déficit de atenção, que até então não havia sido diagnosticado.

Faço um parêntese para falar sobre o déficit de atenção.

Segundo a Associação Brasileira de Déficit de Atenção – ABDA, este é um transtorno neurobiológico, que tem início na infância, podendo persistir até a vida adulta, comprometendo o funcionamento da pessoa em vários setores de sua vida, e se caracteriza por três grupos de alterações: hiperatividade, impulsividade e desatenção. Podendo apresentar alterações de comportamento nos três grupos ou somente em um ou dois. Alguns apresentam mais desorganização das coisas, ficam inquietos e se mexem na carteira, esquecem onde colocam os objetos, se distraem com facilidade, podem ter reações explosivas súbitas, dificuldade de esperar a vez. Essas podem ser algumas características de pessoas com TDAH. Os critérios diagnósticos são estabelecidos pela Associação Psiquiátrica Americana ou Organização Mundial de Saúde e feito por profissional da área. (Fonte: www.tdha.org.br)

Foi neste exato momento, quando tudo parecia perdido, meio a um sofrimento grande e muita frustração, tive um "insight" que chamei de "A Teoria da Limonada Suíça", na qual abordei a importância da estrutura do comportamento positivo como resgate da crença fortalecedora e da autoestima daquele que já havia perdido as esperanças e, por isso, (quase) desistiu de si.

Iniciamos, então, o caminho de volta. Ele, que se encontrava no fundo do poço, como se diz, já não tinha motivos para continuar.

Meu/nosso objetivo inicial: resgatar a autoconfiança, melhorar autoestima e descobrir novos recursos para tornar este desafio possível e duradouro.

Como suporte efetivo, utilizei algumas técnicas e conceitos da PNL no seu dia a dia, principalmente ao estudar.

Crenças fortalecedoras, sistemas representacionais predominantes, ressignificação de objetos e comportamentos, vislumbrei outros métodos criativos para um aprendizado mais eficaz e, principalmente, cumprir meu objetivo maior, resgatar a autoestima e autoconfiança dele.

Algumas noites, o ouvia choramingando na cama, li cartas escritas por ele como pedido de socorro e desabafo de uma pessoa que não compreendia ao certo o que estava acontecendo. E eu chorei a dor do meu filho, no coração da mãe que também não compreendia, até então, os efeitos e prejuízos do déficit de atenção na vida de cada um de nós. Cito alguns como: ser excluído dos grupos, receber rótulos, sofrimento emocional, ver a vida sem um futuro de sucesso pela frente.

Na prática, desfizemos o ambiente que trazia a ele um estado de dor e de derrota (âncora negativa). Troquei a estação de estudo de lugar, ressignificamos alguns objetos, estabelecemos "a cadeira da sabedoria", criando uma nova visão e crença do ambiente de estudo, desassociando o estado emocional limitante para outro mais fortalecedor.

Quando estudávamos, dividíamos as tarefas em partes menores e fazíamos intervalos entre uma e outra, no limite da concentração dele. "Quer beber um suco ou comer alguma coisa neste intervalo?" E ainda, fazia músicas com o assunto estudado, alterava sons de voz, associava gestos à informação passada. Algumas vezes lia a informação para ele. Seu sistema representacional predominante é auditivo e, por este motivo, sempre que possível usava a audição. Insistia em elogiar progressos, mesmo aparentemente sutis. Isso foi potencializando sua autoconfiança. "Mais uma vez, muito bom! Você consegue! Está indo no caminho certo!"

E o que aconteceu?

Passo a passo, fomos restabelecendo sua autoconfiança, senso de capacidade e valor de si.

Então, pude perceber a evolução do meu filho em relação ao aprendizado da matéria escolar, bem como melhora considerável em relação ao comportamento, autoestima e seu estado emocional.

E foi assim que "mapeei" a maneira como a informação era processada pelo meu filho, considerando o modo e as vias utilizadas preferencialmente, como a informação era absorvida e estruturada, utilizando método mais assertivo para seu aprendizado. Algum tempo depois, percebi a mudança positiva em sua vida como um todo.

Em 2013 ele foi diagnosticado com déficit de atenção e medicado conforme indicação de um profissional habilitado. Sim! A medicação faz parte do tratamento multidisciplinar, no qual outras práticas e métodos também são utilizados.

Atualmente, meu filho participa do curso de Gastronomia Internacional, restabeleceu sua autoestima e autoconfiança, é popular na escola e querido pelos amigos, ajuda as pessoas a entenderem suas limitações e tem um grande senso de resiliência e compaixão. Faz valer seus direitos de cidadão e de indivíduo.

A partir dessa experiência, me tornei Master Coach com foco no desenvolvimento de habilidades e competências dos jovens e adolescentes, ajudando-os a estarem mais próximos de realizar seus sonhos.

Essa experiência de vida me motiva a sensibilizar profissionais da área de ensino, ajudar pais e jovens que vivem situações semelhantes e a compartilhar conhecimento sobre questões relevantes, como as que envolvem o déficit de atenção, atuando como agente multiplicador, para que mais pessoas tenham acesso às informações e se permitam descobrir o potencial da transformação de vida através de um novo olhar.

Tudo com muito amor, dedicação e juntos!

TEORIA DA LIMONADA SUÍÇA

Primeiro você deve perceber a necessidade dele...

Segundo, você deve mostrar para ele que você está do seu lado para o que der e vier.

Terceiro, buscar métodos que auxiliem a lidar com a questão.

Pois, vou dividir com você a teoria da limonada suíça.

Essa teoria foi o início da minha/nossa "salvação".

Após alguns anos de angústia e sofrimento com meu filho na escola, finalmente pude entender que ele estava em apuros. Principalmente porque ninguém, até então, havia levantado a questão do TDAH, para o baixo desempenho e alguns dos comportamentos inadequados que ele apresentava.

Foi então que, a partir de um conhecimento específico de PNL – Programação Neurolinguística, tive contato com as primeiras teorias, que seria o início de um caminho de superação e sucesso!

Parti do princípio que se alguém é capaz, ele também seria capaz...

Mas como? Essa era a questão.

A essa altura, meu filho já estava desacreditado de si, de sua capacidade ...

Estava rotulado, convicto plenamente de que não tinha competência e era rejeitado no ambiente escolar.

Foi então que resolvi entrar na guerra, junto com ele. Abracei a sua causa e me comprometi com seu desenvolvimento.

Mas antes, tínhamos que gerar nele novas crenças e atitudes. Descobrir novas formas de aprender e ensinar.

Ele cansado, sem esperança, e já não queria mais estudar.. Em sua visão de si, não adiantava mais tentar, pois definitivamente não era capaz.

Num belo dia, aliás noite, estávamos em casa e ele foi fazer uma limonada suíça.

Mais que depressa me veio uma luz e disse a ele: "Ei, veja só isso: você fez uma deliciosa limonada! Percebeu? Preparou o material necessário, equipamentos, seguiu as etapas para realizar sua tarefa e concluiu com êxito! O que me diz? Pois bem, se você é capaz de fazer isso, é capaz de fazer tudo o que desejar. Basta repetir a 'estrutura' que usou para fazer a limonada suíça".

E aí comecei a fortalecer a crença positiva de que ele era capaz de realizar.

Com isso, ele aumentou sua confiança, autoestima e começamos juntos a superar e deixar para trás os rótulos enfraquecedores que o bloqueava.

Lembre-se, basta aplicar a estrutura da Limonada Suíça que pode ser representada por consertar uma bicicleta, montar e desmontar o skate, lavar a louça, desenhar uma tela... O importante é resgatar a capacidade de acreditar e começar a realizar.

Este sempre será nosso desafio. Afinal, quem são os mais indicados para tal, do que nós, professores, educadores, orientadores, tutores, mentores, mestres construtores de vidas e de sonhos reais?

Use sua criatividade, abra seus olhos e seu coração e descubra o fantástico mundo do "ser" ao qual fomos agraciados para contribuir e compartilhar aprendizados e ensinamentos.

FONTE:
www.tdah.org.br
www.scottbarrykaufman.com

3
A PNL como uma alavanca de excelência no ensino

Claudio Shen

Claudio Shen

Graduado como Master Practitioner no curso de Programação Neurolinguística Sistêmica elaborado pela NLP University (University of California) e ministrado pelo Instituto PAHC (Programação em Autoconhecimento e Comunicação).
Especialista em TI com MBA em Gestão de Projetos e Processos Organizacionais. Certificação Internacional PMP (Project Management Professional). Seminários Internacionais: Hipnose Ericksoniana Avançada e Coaching Ericksoniano, com Jeffrey Zeig; Constelação Sistêmica e Familiar, com Bert Hellinger; entre outros. Pesquisador de diversas abordagens holísticas e integrativas.

(11) 98481-5030
contato@claudioshen.com.br
www.claudioshen.com.br

Este trabalho aborda quem é o profissional de ensino sob a ótica da PNL, o seu modelo de mundo, sua representação interna, processos de pensamento, compara estudos sobre seus desafios e meios para perceber como endereçar situações conflitantes e encerra abordando a geratividade, da 3ª Geração da PNL, como meio para inovar e trazer novas percepções e soluções para que esse profissional possa ir além das expectativas do ensino.

INTRODUÇÃO

O professor, como ser docente, é aquele que "professa" ou ensina uma ciência, uma arte, o que dá lições. A palavra docente vem do latim "docere" e significa ensinar, instruir, mostrar, indicar, dar a entender. Com essas definições, Barretos (2007) apresenta que o ofício do docente aglutina elementos diversificados que interagem na configuração das ações desenvolvidas pelo professor e também descreve que um dos desafios desse profissional é a exigência de suprir ou compensar as carências básicas trazidas pelos alunos.

Este artigo inicia-se com esse conceito inicial para demonstrar como esse importante profissional da nossa sociedade pode se beneficiar com os diversos trabalhos que fundamentam a PNL criada por Richard Bandler e John Grinder nos anos 70 e que, ao longo das décadas, tem evoluído com o trabalho de outros grandes coautores como, por exemplo, Robert Dilts e Judith DeLozier.

Ao longo da evolução da PNL e, principalmente, na 3ª Geração da PNL, pesquisas trouxeram importantes contribuições no desenvolvimento de questões de ordens generativas, sistêmicas e focadas em questões de níveis mais elevados (identidade, visão e missão).

Com o conceito da interação nos aspectos cognitivos (intelecto), nos aspectos somáticos (corporal) e no conceito de campo (relacionado com a nossa conexão com outros sistemas em nossa volta) é possível perceber através das pesquisas que a PNL aplicada ao profissional de ensino trouxe técnicas que permitem um profundo alinhamento entre o intelecto e o corpo dentro de um contexto muito maior em que o professor está inserido (Bolstad, 1997; Day, 2005; Millrood, 2004).

SER PROFESSOR SOB A ÓTICA DA PNL

O trabalho de Pimenta (2003) apresenta a importância de repensar a formação inicial e contínua do professor, e abre discussão para a construção da identidade do profissional. Dentro da perspectiva da identidade a representação interna que o professor faz de seus alunos pode influenciar e até determinar os avanços cognitivos a serem alcançados dos mesmos, e é importante que o professor fique atento aos comportamentos assumidos pelos seus alunos (Osti, 2004).

Os estudos de Pimenta (2003) e Osti (2004) trazem insumos bastante relevantes para uma análise sob a ótica da PNL, principalmente em relação à identidade do profissional.

A identidade relaciona-se ao nosso senso de quem somos e, dentro do conceito de níveis neurológicos da PNL, a identidade é um nível de mudança e experiência e este nível é diferente das esferas que envolvem nossas crenças, nossas capacidades, comportamentos e fatores ambientais. Nosso senso de identidade relaciona-se com nossa percepção em relação ao meio do qual fazemos parte, determinando nosso senso de papel, propósito e missão (Dilts e DeLozier, 2014).

Robbins (2005) descreve o termo identidade como sendo as convicções que usamos para definir nossa individualidade e também enfatiza que o nosso senso de certeza sobre o que somos cria as fronteiras e limites dos quais vivemos.

A PNL apresenta um interessante processo relacionado aos níveis neurológicos e que pode ser muito útil para o professor dentro do seu ambiente de influência: o alinhamento de nível neurológico. Esse processo permite um profundo alinhamento do profissional de ensino através da combinação de aspectos mentais e físicos orientado em direção a sua verdadeira missão de vida, ou ainda, em direção a sua visão de futuro (Dilts e DeLozier, 2014; Robbins, 2005).

Através do alinhamento de níveis neurológicos, o profissional de ensino é capaz de, sistematicamente, acessar e conectar experiências e processos neurológicos associados aos níveis relacionados ao seu ambiente de trabalho, seus comportamentos, suas estratégias, as suas crenças e seus valores, a sua identidade e a sua percepção de pertencer a um sistema muito maior.

Esse alinhamento permite que o profissional possa desempenhar de forma mais congruente e equilibrada o seu papel no ensino.

Outro aspecto abordado nas pesquisas de Pimenta (2003) e Osti (2004) diz respeito à representação interna do profissional e suas convicções, tema que abre a oportunidade de abordar ao menos duas questões importantes:

- O modelo de mundo do profissional.
- A representação interna e o processo de pensamento.

Quando retrata o modelo de mundo sob a ótica do profissional de ensino, a dissertação de Osti (2004) descreve os desafios do professor frente a sua experiência escolar de maneira bastante ampla, sendo interessante o destaque, a ansiedade e a angústia que alguns professores vivenciam na medida em que reconhecem suas impotências e limitações para ajudar seu aluno.

Dentro da PNL, os trabalhos de Millrood (2004) e Reza et all (2011) enfatizam justamente que professores não costumam dar muita atenção a aspectos psicológicos de seus aprendizes. Esses pesquisadores comentam que estes profissionais não têm muito tempo para explorar e perceber como a PNL pode melhorar seu desempenho profissional e pessoal. Em muitos casos, muitos professores nunca ouviram falar nada de PNL e seus potenciais para uma mudança positiva no contexto educacional.

Um importante pressuposto existente na PNL é o que se denomina "mapa não é o território", no qual enfatiza que as percepções de mundo são uma verdade isolada da realidade. Essas percepções ou "mapa" da realidade não são o fator que limita o profissional, mas sim suas escolhas frente a essas percepções (Robbins, 2010).

Com essa afirmação fica claro que o enriquecimento do modelo de mundo do profissional de ensino com novas estratégias e técnicas pode expandir suas opções de escolha frente aos seus desafios do dia a dia.

Ao tratar sobre representação interna e convicções do professor, Osti (2004) apresenta a importância do papel do professor no processo de aprendizagem e desenvolvimento dos alunos, aborda as concepções e percepções dos professores frente às dificuldades de aprendizagem e destaca a extrema importância da conscientização de professores quanto ao reflexo de suas crenças e representações sobre o desempenho dos alunos. Dentro deste contexto, a PNL traz um conceito que ajuda a entender o processo de pensamento do indivíduo: o metaprograma.

Metaprograma são padrões que guiam e direcionam outros processos de pensamento e, através do entendimento desse conceito, pode-se entender por que indivíduos que possuem a mesma estratégia de decisão e aprendizado podem ter diferentes respostas diante da mesma situação vivenciada. Segundo Robbins (2010) é a chave para entender a maneira como uma pessoa processa informações e pode ajudar a comunicar-se efetivamente com todo tipo de gente.

Neste ponto é possível perceber o conceito de metaprograma com o estudo de Osti (2004) quando aborda o desafio do ensino associado à representação interna do professor. Com base na sua representação interna, um professor que possua um padrão de metaprograma na sua forma de ensino pode encontrar dificuldades na transmissão de conhecimento frente a alunos que possuam outro padrão na sua forma de aprendizado.

Para exemplificar, um professor que possua, predominantemente, um metaprograma de ensino expondo as "diferenças" de um determinado assunto, pode permitir que alunos com o mesmo padrão possam absorver conhecimento de maneira muito mais fácil do que alunos que possuam um padrão de aprendizado focado em perceber "semelhança" do assunto.

Dentro da PNL existem diversos outros padrões de metaprograma. Uma pesquisa aprofundada dos padrões de metaprograma aplicada ao ensino pode ser uma poderosa ferramenta para um aprendizado mais profundo. Essa abordagem permite que diferentes alunos com seus respectivos processos de pensamento (padrões de metaprograma) possam se sentir abertos ao aprendizado com professores que tenham a flexibilidade de usar de maneira equilibrada diversos padrões de metaprograma em sua aula.

A PNL tem sido estudada por diversos pesquisadores na tarefa de apresentar técnicas, ferramentas e estratégias que melhorem o processo de aprendizado, como se percebe nos trabalhos sintetizados por Bolstad (1997) e Millrood (2004), descrevendo a aplicação dos sistemas representacionais, da ancoragem, rapport, de ressignificação, metáforas, entre outras abordagens.

O PROFESSOR FRENTE AO DESAFIO DO ENSINO

Ensinar não se resume em conhecer e escolher por uma das distintas metodologias de ensino. Ensinar envolve compreender o aluno, as características de sua personalidade, as diversas etapas de desenvolvimento nas várias áreas de sua vida e a forma pela qual ele aprende (Osti, 2004).

No processo de aprendizado, Osti (2004) aborda um estudo em que vincula a dificuldade de aprendizagem do aluno em diversos aspectos e conclui que os professores devem ser habilitados para detectar os sintomas das dificuldades de aprendizagem e saber como trabalhá-las, seja em classe, seja por encaminhamento para um atendimento adequado.

No final dos anos 80, Robert Dillts e Todd Epstein desenvolveram o **modelo S.C.O.R.E.** que é uma técnica da PNL que permite um melhor entendimento do que precisa ser feito em qualquer processo de mudança ou cura. Através de uma sistemática que vai além de uma simples definição de estado atual e estado desejado de uma abordagem tradicional, este modelo pode permitir uma melhor compreensão dos desafios do profissional de ensino (Dilts e DeLozier, 2014).

No modelo S.C.O.R.E. cada letra representa uma distinção na compreensão de um problema e que poderíamos, de maneira livre e superficial, associar aos estudos de Osti (2004) considerando:

- **Sintomas:** dificuldade de aprendizagem;
- **Causas:** crenças e outros fatores apontados;
- **Objetivo desejado:** melhorar o processo de ensino;
- **Recursos:** suporte psicológico adequado ao aluno e ao professor;
- **Efeitos:** alunos com alto grau de aprendizado.

O modelo S.C.O.R.E. foi apresentado tomando como referência o trabalho de Osti (2004) e analisado de maneira livre e superficial, o que permitiu uma percepção mais sintetizada do que pode ser feito frente ao cenário desafiante em estudo. Percebe-se como esse modelo pode auxiliar na identificação dos principais aspectos que cerca um problema em análise. É importante ressaltar que os recursos (R) neste contexto específico poderiam ser enriquecidos com diversas outras abordagens ou técnicas de PNL que melhor se enquadrariam aos sintomas (S) e às causas (C) detectadas na análise do modelo.

A PNL COMO ALAVANCA DE EXCELÊNCIA

Barreto (2007) investiga os fatores de estresse no exercício da docência e apresenta os aspectos positivos desta profissão, na qual cita que "despertar nos alunos o desejo de conhecer" como um dos fatores que traz sentimentos de muita satisfação e felicidade para essa profissão. Esse ponto de vista é muito semelhante à abordagem descrita por Robert Dilts que apresenta o papel de "despertar" o ser humano para o melhor que possa existir dentro dele. Aquele que desperta dá suporte à outra pessoa para prover contextos e experiências que trazem à tona o melhor entendimento daquela pessoa em relação ao que se propõe (Dilts e DeLozier, 2014).

Nesse aspecto, um trabalho em direção a administrar o estado interno pode ser muito útil em meio a fatores estressantes dessa profissão.

A PNL possui diversas abordagens que permitem desenvolver aspectos de profundo suporte em direção a um estado interno mais rico como, por exemplo, a "Mandala do Ser" de Richard Moss, ou ainda, encontra a "Zona de Excelência Interior" que é capaz de trazer equilíbrio e diversos outros benefícios importantes para o professor no exercício da sua profissão (Dilts e DeLozier, 2014).

Para que se exemplifique como é o resultado desse tipo de estratégia da PNL, os principais efeitos observáveis do processo são:

- Centramento do indivíduo na sua essência;
- Abertura para perceber oportunidades;
- Aumento da atenção a sua volta;
- Estado pleno de presença;
- Percepção de conexão a um sistema maior;
- Estado de acolhimento do processo.

A soma de todos esses estados permite um profundo alinhamento e centramento do professor que potencializa e expande sua capacidade de tomada de decisão frente aos desafios do seu dia a dia.

No contexto do ensino podemos perceber que um estado mais apropriado pode permitir que o professor acesse os melhores recursos para lidar com o meio em que se encontra.

Quando o profissional de ensino entra nesse estado mais apropriado e permite que seus alunos também entrem nele, cria-se um ambiente bastante possibilitador. Esse processo cria o que Dilts e DeLozier (2014) definem como "COACHing Container", que é um campo de recursos que pode trazer à tona o melhor de cada um dos presentes.

Ao trazer à tona o melhor de cada aluno, a PNL também traz outra estratégia muito interessante para o papel do professor que é o "sponsorship" ou uma forma de apadrinhamento no nível da identidade.

O "sponsorship" é um processo de reconhecimento e validação das características essenciais do aluno e é realizado, normalmente, através de comunicação verbal e não-verbal (Dilts e DeLozier, 2014).

O impacto de um bom "sponsorship" no ensino pode permitir que o aluno se sinta incondicionalmente valioso, sinta-se pertencendo ao meio e no anseio de contribuir e ter sucesso. Quando os alunos se sentem apadrinhados, eles se sentem presentes, motivados, leais, criativos e o desempenho pode ir além das expectativas.

O ambiente estabelecido pelo "sponsorship" cria condições para que o processo de aprendizado possa se elevar a um patamar ainda melhor, a geratividade. Esse novo ambiente é estruturado em confiança, respeito mútuo e no reconhecimento dos recursos e contribuições singulares de cada membro do grupo.

Por geratividade, a 3ª Geração da PNL define por criar resultado que não existia anteriormente, em que é essencialmente vinculada a descoberta, criação, enriquecimento, entre outros, de forma a criar algo completamente novo. Quando os recursos são trabalhados antecipadamente, as pessoas são capazes de superar seus desafios de forma evolutiva, ao invés de ter que lidar com contratempos desnecessários (Dilts e DeLozier, 2014).

No contexto do ensino e com foco na alavanca da excelência do ensino, os processos gerativos podem maximizar o processo de aprendizado, desde envolver o suporte aos integrantes do grupo a resolver problemas e atingir objetivos de uma maneira mais sistêmica e orgânica, até promover crescimento e inovação. Esse grupo formado por alunos e professores imerso a um campo gerativo pode criar um estado de desempenho criativo que na PNL denomina-se "colaboração gerativa".

A colaboração gerativa pode envolver esse grupo para trabalhar juntos para criar ou gerar alguma coisa nova, surpreendente e superior às capacidades de qualquer um dos membros individualmente. Dentro desse estado, os integrantes do grupo (professores e alunos) são capazes de utilizar suas habilidades para um estado mais elevado e descobrir e aplicar recursos que eles ainda nem perceberam que possuem, além de extraírem novas ideias e recursos uns dos outros.

A colaboração gerativa abre um horizonte bastante interessante para o ensino, pois resulta no desenvolvimento de uma "mente de grupo" ou "inteligência coletiva" de um conhecimento e uma criatividade muito maior (Dilts e DeLozier, 2014).

As aplicações gerativas da PNL envolvem o desenvolvimento de técnicas gerais para aumentar o desempenho e administrar mudança. Tendo como premissa antecipar o desenvolvimento e a expansão de recursos, essa forma de pensamento reduz a necessidade de "administrar crises" (Dilts e DeLozier, 2014).

O uso de procedimentos e técnicas gerativas pelo professor em seu ambiente de ensino pode propiciar uma ampliação de suas percepções e modelo de mundo obtendo pontos de vista inovadores, capazes de fazer a diferença em sua forma de ensino. A PNL possui um processo que permite um aprofundamento e uma ampliação de percepções que muda o panorama interno e leva a uma auto-organização da solução para endereçar o problema: o "Generative NLP Format" (Dilts e DeLozier, 2014).

De maneira resumida, esse processo baseia-se em aprofundar a percepção de um determinado aspecto através da exploração do que na PNL denomina-se posições perceptivas (perceber sob o seu ponto de vista; se colocar na posição da outra pessoa; e perceber sob o ponto de vista de um observador) combinado com o fator tempo (passado, presente e futuro) (Dilts e DeLozier, 2014).

Esse método permite um aprofundamento do aspecto em estudo dentro da combinação de todas essas esferas de influência. Com esse procedimento, o professor pode acessar percepções profundas e enriquecedoras fazendo com que um aspecto em estudo, que pode ser, por exemplo: "a forma de ensinar", torne-se muito mais rica e profunda. Fica claro neste ponto deste artigo, como o profissional de ensino pode se beneficiar desse procedimento de maneira a permitir que se torne um profissional cada vez melhor.

CONCLUSÃO

Os parágrafos iniciais deste artigo procura apresentar quem é o profissional de ensino sob a ótica da PNL. Essas definições preliminares servem como base para que se possa entender um pouco do modelo de mundo do professor com a sua representação interna e processos de pensamento, descreve-se algumas estratégias e conceitos da PNL, apresenta-se o que é um estado interno mais rico e finalmente abordam-se conceitos avançados de "sponsorship" e geratividade como meio para inovar e trazer novas percepções e soluções no contexto do ensino.

No livro "Poder Sem Limites", Robbins descreve extensamente a modelagem da excelência e podemos perceber como a PNL pode ser usada como uma alavanca de excelência no ensino com o enriquecimento de possibilidades capazes de fazer a diferença no universo do profissional (Robbins, 2010).

Concluímos, portanto, que a PNL como alavanca de excelência no ensino pode contribuir não apenas tecnicamente em situações desafiantes conforme podemos ver no trabalho dos diversos autores citados, mas também permitir que o professor possa criar um ambiente que desperte o melhor que existe em todo o grupo, inclusive nele próprio, tendo como efeito um aprendizado que pode ir muito além das expectativas iniciais.

REFERÊNCIAS BIBLIOGRÁFICAS:
Barreto, M. A. Ofício, Estresse e Resiliência: Desafios do Professor Universitário. Natal, Tese (Doutorado em Educação) - Universidade Federal do Rio Grande do Norte – Centro de Ciências Sociais Aplicadas/Programa de Pós-Graduação em Educação, Natal, 2007.
Bolstad, R. PNL na Educação. Ensinando com a Linguagem do Cérebro. Portal da PNL do Brasil. 1997.
Day, T. NLP Modelling in the Classroom: Students Modelling the Good Practice of Other Students, 2005.
Dilts, R; DeLozier, J. Encyclopedia of Systemic NLP and NLP New Coding, em http://nlpuniversitypress.com acessada em 01/02/2014.
Millrood, R. The Role of NLP in Teachers' Classroom Discourse. ELT Journal, 58(1), 28-37, 2004
Osti, A. As Dificuldades de Aprendizagem na Concepção do Professor. Dissertação (Mestrado) Faculdade de Educação da Universidade Estadual de Campinas, São Paulo, SP, 2004.
Pimenta, S. G. Formação de Professores-Saberes da Docência e Identidade do Professor. Nuances: Estudos sobre Educação 3.3, 2009.
Reza, P. et all. NLP and Its Relationship with Teacher Success, Gender, Teaching Experience, and Degree: A Comparative Study. World Journal of English Language 1, 2011.
Robbins, A. Desperte o Gigante Interior: Como usar o Condicionamento Neuro-associativo para criar Mudanças Definitivas. 16ª edição. Editora Record. 2005.
Robbins, A. Poder sem Limites: O Caminho do Sucesso Pessoal pela Programação Neurolinguística. 12ª edição. Editora BestSeller. 2010.

4

O lugar do professor e o lugar do aluno – relação: professor X aluno

Conceição Valadares

Conceição Valadares

Psicóloga e Master Coach.
Fundadora da Sociedade Brasileira de Análise Bioenergética (SOBAB), tendo atuado como local trainer, supervisora e psicoterapeuta.
Criadora do método Biocoaching, que une os princípios teóricos e as técnicas das terapias Reichiana e Neoreichiana às ferramentas de Coaching sob uma ótica da saúde, de modo a desenvolver competências, habilidades e talentos.
Desenvolve e aplica treinamentos para empresas e faz atendimentos individuais de desenvolvimento pessoal, privilegiando o público feminino com um trabalho especial de reequilíbrio das faces da mulher.

(11) 99631-7516
(11) 4323-3137
mcb@uol.com.br / mcb@conceicaovaladares.com.br
www.conceicaovaladares.com.br

QUE LUGAR É ESTE?

Quando falo em lugar, me refiro aqui ao ESPAÇO PSICOLÓGICO no qual nos colocamos em algumas situações de nossas vidas, sejam em relações com autoridade, relações afetivas ou relações sociais.

Neste artigo quero dirigir meu olhar para uma relação muito especial que é a do professor e o aluno adolescente. Essa relação suscita expressões que via de regra são assustadoras: terrível, difícil, impossível e outras até menos polidas. Seja do ponto de vista do professor, seja do aluno.

Inicio minha contribuição definindo ESPAÇO PSICOLÓGICO.

ESPAÇO PSICOLÓGICO

É o lugar para onde nos dirigimos quando a situação presente ultrapassa o limiar da nossa capacidade de processar o conteúdo emocional que ela nos apresenta, provocando sensações e emoções outrora sentidas e vivenciadas por outra situação passada. Exemplo: uma criança pequena ter sido humilhada por um adulto por não fazer algo sozinha, gerando nela um sentimento de menos valia, impotência e medo.

Este lugar, espaço psicológico, poderá ser revisitado quando uma situação de estresse, desafio ou uso de autoridade se apresentar.

Importante ressaltar que este lugar poderá ser revisitado tanto pelo adolescente quanto pelo professor.

Imaginamos que a criança em questão tenha sido o professor e sua atitude no presente, frente a um adolescente que o desafia, poderá remetê-lo novamente a este lugar psicológico, fazendo com que ele reaja fortemente com o aluno em função do seus sentimentos de impotência, enxergando no aluno uma autoridade opressora. Como adulto, agora o professor poderá reagir à opressão como não pôde na fragilidade de sua infância, quase que como uma ação em proteção àquela criança interna outrora humilhada. Boa coisa não vai sair disso, com certeza, nem para um nem para outro.

Nada disso é consciente, é claro, daí a proposta da comunicação interna conscientizada para gerar uma comunicação externa saudável.

Num outro exemplo, temos um adolescente extremamente prepotente, que desrespeita os colegas e o professor, apresenta bom rendimento, mas o convívio é insuportável. Poderemos aqui inferir que a comunicação interna deste aluno está comprometida por fatos e afetos de sua história e, frente às cobranças do professor e instituição de ensino, ele é remetido a um lugar psicológico, onde a reação de prepotência o protege da dor.

COMUNICAÇÃO INTERNA CONSCIENTIZADA

É o melhor caminho para atualizar e ressignificar os lugares psicológicos. Quanto mais cedo se faz, melhor a comunicação externa ficará, daí comunicação externa saudável.

Como fazer:

Proponho aqui um olhar para o professor, este professor que foi bebê, criança, adolescente, agora adulto. Que foi filho e que teve uma mãe ou alguém que o maternou e, consequentemente, foi apresentado e inserido neste mundo.

Se a maternagem não for boa o suficiente, a criança torna-se um acumulado de reações à violações; o self verdadeiro da criança não consegue formar-se ou permanece oculto por trás de um falso self que a um só tempo quer evitar e compactuar com as bofetadas do mundo. Winnicott 1960/1965

O professor hoje adulto pode buscar um processo de autoconhecimento que é um direito mais que um dever, através de psicoterapias, meditações, reflexões, religiões, leituras, enfim, qualquer recurso que possibilite ampliar a consciência de si.

A comunicação inicia-se no coração e completa na boca e nos gestos.

Ou seja, a partir da consciência das emoções é que se aprende a comunicá-las. Aceitar que as emoções são humanas, não são boas e nem ruins, apenas são. Conhecê-las, reconhecê-las, expressá-las, acolhê-las, isso facilitará a comunicação e a decodificação das emoções do outro, no caso aqui o adolescente aluno.

Poder reconhecer o lugar de isolamento, medo, ferido, confuso, excitado, que o adolescente se encontra, sem se remeter ao mesmo lugar na sua própria história passada, por semelhança ou por oposição. Mas pelo reconhecimento dessas emoções poder comunicar-se com ele estabelecendo a confiança e gerando a autoconfiança nele.

O outro grande ganho de poder discriminar-se do lugar do adolescente é ter clareza de que aquela comunicação violenta ou não comunicação não estava endereçada ao professor em questão. Literalmente é sair da frente do aluno e colocar-se ao lado dele. E assim, aos poucos ir criando um espaço para o aluno adolescente poder se olhar e se perceber, tomar consciência de suas próprias emoções, comunicá-las, expressá-las e estabelecer confiabilidade. Tudo isso sem perder sua preciosidade de ser adolescente, quando a imaturidade é permitida.

Donald Winnicott, psicanalista, postula que a confiança é resultado de uma comunicação clara e bem estabelecida. Ora, então tudo que precisamos na relação professor X aluno é confiança ou, melhor dizendo, tudo que precisamos é resgatar no professor e no aluno sua comunicação interna conscientizada e torná-la em comunicação externa saudável para que a comunicação professor x aluno se estabeleça com confiança.

PROCESSO DE APRENDIZAGEM

A relação professor x aluno nos leva necessariamente a este assunto. E neste sentido, fica uma pergunta:

Será o professor o único responsável pela condução do aluno neste processo?

Não é tão simples assim.

A aprendizagem é acontecimento que envolve aspectos múltiplos, tais como cognitivos, emocionais, orgânicos, psicossociais e culturais. Além de contar com o desenvolvimento de aptidões e também da aplicação desses conhecimentos adquiridos em situações novas. Sendo, portanto, demasiado peso colocar essa responsabilidade tão somente nas costas do professor.

É uma ação de interação, na qual a relação do indivíduo que aprende (aluno) está sempre relacionada de alguma forma com o outro que ensina (professor).

O professor fornece os significados que permitem pensar o mundo e o aluno poderá ou não ressignificar, dependendo da relação afetiva estabelecida com o professor. Essa relação afetiva pode determinar a motivação para a aprendizagem, ou seja, o motivo para a ação do aprender.

COMUNICAÇÃO EXTERNA SAUDÁVEL

Voltamos agora nosso olhar para uma relação em que de um lado encontramos um ser humano adulto com emoções atualizadas, conscientes e bem continentes, com valores claros, missão e visão de vida definidos. Satisfeito com sua escolha profissional, acessando seu potencial e aplicando com amor todos seus recursos pessoais. Do outro, um jovem ser humano, respeitado no seu direito de adolescente de ser imaturo, ávido de viver, aprender sobre tudo, merecedor de informações e estímulos para novas descobertas e desenvolvimento tanto intelectual quanto pessoal.

Acha impossível?

Pois não é. Na verdade, se a proposta de cuidar da comunicação interna for respeitada, esse ser humano será continente o suficiente de suas emoções, podendo ter clareza de seus valores e com um pouco de empenho e investimento reconhecerá sua missão de vida. O próximo passo, que é estabelecer uma relação de confiança, acontecerá com mais facilidade, promovendo para o outro da relação não só um ambiente favorável como também inspiração. E isso sem dúvida favorece o aprendizado.

Para finalizar, a sugestão de processo de autoconhecimento para o adolescente também é indicada, assim, cada lado com sua comunicação interna cuidada, a comunicação externa será fatalmente saudável.

5

Tornando a arte de construir conhecimento ainda mais interessante

Cristiane Farias

Cristiane Farias

Empresária, sócia da Empresa Multiplik Neurolinguagem e Coaching.
Formação em Executive e Leader Coach pela Sociedade Brasileira de Coaching. Personal & Professional Coaching; Career Coaching pela Sociedade Brasileira de Coaching.
Trainer em Programação Neurolinguística; Master em Terapia da Linha do Tempo; MBA em Liderança Sustentável e Executive Coaching; MBA em Gestão de Negócios.
Pós-graduação em Administração e Gerenciamento Escolar pela Fundação Universidade Federal de Rondônia – UNIR. Pós-graduação em
Psicopedagogia – UNIR. Pós-graduação em Gestão – UNIR. Pedagogia – UNIR/RO.
Docente nos cursos de pós-graduação nas disciplinas de Gestão de
Pessoas, Psicopedagogia e Pedagogia Empresarial.
Coautora dos livros Leader Coach (2011) e Coaching na Prática (2012), ambos da Editora França e PNL e Coaching (2013) Editora Leader.

(69) 8447-0202
crisfarias@multiplik-ro.com.br
www.multiplik-ro.com.br

"Educar é impregnar de sentido cada momento da vida, cada ato cotidiano." (Paulo Freire)

Uma das melhores fases da vida acontece num ambiente que chamamos de "escola". Este espaço rico em diversidade e concepções pedagógicas é nosso acolhimento por muitos anos e é natural que muitas crenças, sejam elas fortalecedoras ou limitantes, sejam construídas neste espaço.

E pela relação construída com esse espaço com responsabilidades e afeto é que este cenário é fundamentado por muitos como o nosso primeiro-segundo lar. Primeiro-segundo lar? Sim, o primeiro é o ambiente composto por nossa família, no entanto, passamos nossa infância e adolescência nesta maravilhosa experiência que é conviver com pessoas que consideramos como parte de nossas vidas, de nosso crescimento. Mormente, por toda a sua responsabilidade e ouso dizer "autoridade" porque é nesse mágico espaço que aprendemos, no mínimo, as regras da boa convivência, assim como o desenvolvimento dos Pilares da Educação e naturalmente a construir conhecimentos que são experienciados, não só nesse contexto, mas também fora dos muros escolares.

Ao escrever o parágrafo acima, senti uma saudade da minha escola... Lembro-me perfeitamente de alguns professores, amigos e colegas de jornada. Como fator positivo, me refiro a experiência que tive, cursei todo o ensino fundamental e médio na mesma escola. Assim, posso relatar com certeza que meus registros de memória possuem significativos e ricos detalhes, dos quais neste exato momento meus sistemas representacionais me envolvem com tamanha intensidade.

Sou pedagoga de formação e experienciei essa prática como profissional de educação desde o ensino infantil até o ensino superior. A escola foi o universo dinâmico e enriquecedor mais interessante que já vivi. E, na fase adulta, retorno ao mesmo para contribuir como profissional. Por isso digo que, de pertinho, sei o quanto é delicado ser docente numa comunidade que é carente, não só de conhecimento.

Vale ressaltar que é neste mesmo espaço que a arte de construir conhecimento acontece. E neste mesmo cenário temos o desafio da praticidade curricular. Também vivenciei os óbices enfrentados pelos colegas docentes, por suas carências. E mesmo assim, ofertarem o melhor aos seus discentes. Porque mesmo assim, isso é perfeitamente possível.

E pensando em contribuir para dias melhores, tanto para educandos como para educadores, ressalto a importância da proposta Freiriana que está contida em sua teoria de conhecimento, de prática do dia a dia. Enfatizando que o método de Paulo Freire foi construído num processo respeitando etapas e procurando entender o processo cognitivo de seu conhecimento que é eminentemente voltado para as questões essenciais na construção de um ser humano pleno, político, ético, sempre de maneira humanista e democrática, tendo como seu grande desafio o despertar das camadas populares.

O método foi apresentado por etapas que consistiam em: etapa de investigação, tematização e problematização. Sendo elucidados da seguinte forma:

• **Etapa de investigação:** busca conjunta entre professor e aluno das palavras e temas mais significativos da vida do mesmo, dentro de seu universo vocabular e da comunidade onde ele vive.

• **Etapa de tematização:** momento da tomada de consciência do mundo, através da análise dos significados sociais dos temas e das palavras.

• **Etapa de problematização:** etapa em que o professor desafia e inspira o aluno a superar a visão mágica e acrítica do mundo, para uma postura conscientizada.

No método há a valorização das palavras geradoras, começando pelo universo vocabular de cada educando. Nas conversas informais as palavras utilizadas pelo educando são observadas pelo educador, nas quais o mesmo seleciona as que mais fazem parte do seu dia a dia, servido desta forma de base para o planejamento das atividades. Paulo Freire ainda criou um momento diferenciado para apresentação dos temas e palavras geradoras, no qual os discentes são colocados em círculos, denominados de círculos de cultura.

Para que a prática curricular obtenha o resultado ainda melhor pelos nobres professores, podemos contar com a utilização das ferramentas da Programação Neurolinguística. Sendo muitíssimo interessante não só para o aluno por ser contemplado em sua necessidade, mas também ao educador por alcançar ou se aproximar dos resultados propostos em seu planejamento.

Primeira dica é verificar que conhecimento os alunos têm sobre o que deve ser abordado nesta série, depois elencar estes pontos como Estado Atual, referente a cada aluno, e consequentemente da classe. Em seguida começar o planejamento do ano para o alcance dos Estados Desejados, ressaltando que nem todos os alunos estarão no mesmo ritmo.... O que, claro, deve ser respeitado, avaliando sempre seu ponto de partida.

Há um Estado Atual e você, como educador, deve focar para que os educandos cheguem ao Estado Desejado. Assim, só há um caminho e reto, no qual o docente deverá utilizar todos os recursos necessários para que esta meta seja alcançada. E, para isso, inicialmente, realizar o enquadramento dos conteúdos abordados para que a turma também possa contribuir positivamente com o desenvolvimento das atividades, indicando sempre quando for hora de um pouco mais de investimento para que ocorra a compreensão do que efetivamente é interessante nessa linda construção.

E A ⟹ E D

Não basta apenas conhecer esse dado, agora é importante agir em direção ao desejado, planejando suas atividades semanais e bimestrais de maneira leve, enriquecidas pelo seu dia a dia e interessante para novas construções. Lembre-se, estamos nos referindo à construção de uma jornada, que deve ter significado para todos os envolvidos e ainda um sabor de apoderamento e realização pelo construído.

Em nosso país temos a **Lei de Diretrizes e Bases,** que nos orienta quanto à Educação em sua responsabilidade e corresponsabilidade. E partindo desse princípio, chamo novamente atenção para a importância de conhecer as ferramentas de Programação Neurolinguística para auxiliar o educando ao alcance dos objetivos propostos com facilidade.

A LDB 9294/96, cita em seu artigo primeiro que:

> Art. 1º. *A educação abrange os processos formativos que se desenvolvem na vida familiar, na convivência humana, no trabalho, nas instituições de ensino e pesquisa, nos movimentos sociais e organizações da sociedade civil e nas manifestações culturais.*

§ 1º. Esta lei disciplina a educação escolar, que se desenvolve, predominantemente, por meio do ensino, em instituições próprias.

§ 2º. A educação escolar deverá vincular-se ao mundo do trabalho e à prática social.

Estando amparados pela praticidade curricular... mãos à obra! Educar é um ato contínuo e por isso é importante toda a atenção aos detalhes do dia a dia, pois mesmo havendo a necessidade de tempo para transformar toda a teoria em mágicas experiências e efetivamente viver a praticidade do currículo, podemos a médio prazo obter um resultado bem diferente do atual. Paulo Freire (1996), em seu livro Pedagogia da Autonomia, faz uma reflexão sobre a prática escolar. Elucidando que teoria não é nada se não for posta em prática, reforçando a ideia da real prática curricular. E para que essa comunicação seja eficiente, é importante que educador e educando compreendam suas posturas.

"Freire não inventou o homem; apenas pensa e pratica um método pedagógico que procura dar ao homem a oportunidade de redescobrir-se através da retomada reflexiva do próprio processo em que ele vai se descobrindo, manifestando e configurando o "método de conscientização."

Para que a relação educador e educando fique alinhada e nivelada pela confiança é necessário que exista rapport. Outra ferramenta interessantíssima para a sala de aula, pois as semelhanças entre os agentes do processo ocorrem ao criar confiança e segurança.

Para Bandler: *"A PNL é uma ferramenta educacional, não uma forma de terapia. Nós ensinamos as pessoas coisas sobre como seus cérebros funcionam e elas usam essas informações para mudar".*

Nossos sentidos na PNL são conceituados como Sistemas Representacionais. Os mesmos se referem à linguagem que utilizamos e que nos oferecem pistas sobre como pensamos. E, claro, que esta é uma possibilidade magnífica e eficiente de se aproximar do aluno, pois podemos desenvolver todo o plano de aula com a sua utilização e garantindo o alcance de bons resultados.

Nosso dia a dia é recheado de significados que perpassam nossos sentidos e contribuem para nossa compreensão e quanto mais nos aproximarmos de sua realidade e forma de compreender o mundo, mais chance temos de construir conhecimentos reais.

Nossos **Sistemas Representacionais** são caracterizados como:
- **Visual:** interpretação a partir do que se vê;
- **Cinestésico:** referente às sensações externas;
- **Auditivo:** interpretação a partir do que se escuta;
- **Auditivo digital:** necessidade de fundamentação, baseado sempre nos porquês.

Nos comunicamos através desses sistemas, a forma como processamos nosso olhar sobre o mundo, de atuar e responder ao mundo corresponde à forma como filtramos e interpretamos. E o educador, com o objetivo de atender o maior número de educandos, pode planejar suas aulas se apropriando de todo currículo pautado nos sistemas representacionais. Cada aluno tem o seu sistema preferencial, um estilo próprio de aprendizagem e uma aula enriquecida dessa linguagem torna o aprendizado permanente e ainda mais interessante.

Tornar o aprendizado compreensível e significativo para o aluno é o desafio que o educador enfrenta no cotidiano, porém, a possibilidade de criar esses cenários é gratificante e enriquecedora. Portanto, ser educador requer gostar do ser humano, de sua diversidade e facilitar esse caminhar. Para Bandler, PNL é "o estudo da estrutura da experiência subjetiva do ser humano e o que pode ser feito com ela".

Mais gostoso ainda é alinhar as ferramentas de PNL aos **Quatro Pilares da Educação Nacional.** Realmente vibro com isso, me encanto com essa junção, aprendizado garantido!

Os **Pilares Educacionais** são conceitos de fundamento da Educação que estão baseados no Relatório da Comissão Internacional sobre Educação para o século XXI, coordenado por Jacques Delors., em que se propõe um processo educativo completamente voltado para o:
- **Aprender a conhecer;**
- **Aprender a fazer;**
- **Aprender a conviver;**
- **Aprender a ser.**

Como responsabilidade dos conhecedores da PNL e dos educadores, podemos tornar educadores e educandos conscientes dessas ferramentas para que o aprendizado seja de um profundo e mágico efeito sobre a vida.

O que acha de mergulhar neste universo e conhecer de pertinho resultados gratificantes e interessantes?

6
A PNL Sistêmica na Educação

Deborah Epelman

Deborah Epelman

Psicóloga formada em 1983, pela OSEC (atual UNISA). Iniciou seus estudos em Programação Neurolinguística - PNL - em 1984 e o trabalho em Consultório em 1988. Em 1990 fundou a PAHC - Soc. Bras. de Programação em Autoconhecimento e Comunicação Ltda., sociedade civil voltada a treinamentos, cursos de formação, workshops, com base na PNL.

Formou-se "NLP Trainer" em 1993 e "NLP Advanced Trainer" em 1997, pela NLP University, na Califórnia. É membro da "GTC - Global NLP Training and Consulting Community".

Participou da "Formação em Saúde" com Robert Dilts, Suzi Smith e Tim Hallbom, passando a fazer parte da "Comunidade Mundial de Saúde com PNL".

Formou-se "NLPU Master Trainer" em 2011, pela NLP University, na Califórnia e a partir deste momento tornou-se Afiliada a NLPU, o que significa que seus Cursos de Formação (Practitioner e Master-Practitioner) estão vinculados a esta Universidade, de forma que seus alunos não só recebem o material didático NLPU traduzido, como também recebem a Certificação NLPU, com assinaturas de Robert Dilts e Judith DeLozier.

Autora do livro "Mude sua Vida! Com PNL", já em 5ª Edição pela Editora Scortecci.

(11) 3824-0068
deborah@pahc.com.br
www.pahc.com.br

Quando Andréia me convidou a coordenar este novo livro, com este foco "Para Professores", fiquei encantada com tantas possibilidades e estratégias diferentes que me vieram à cabeça, que a PNL Sistêmica oferece à relação professor/aluno. Já tive oportunidade de trabalhar algumas vezes com professores em escolas e, antes disso, é claro, sou professora, pois apesar de darmos o nome de trainer a quem ministra PNL, quem está à frente de um grupo ensinando algo não deixa de ser um professor.

Uma das coisas mais importantes que aprendi com a PNL Sistêmica é a noção de campo na teoria do pensamento sistêmico = "cada comportamento de um interfere no todo", ou seja, qualquer coisa que fazemos, conscientemente ou não, está interferindo na vida de outros. Quando pensamos nesse conceito ligado à Educação, podemos compreender que um professor precisa estar absolutamente atento o tempo todo, pois tudo que fizer, falar, gesticular e expressar interferirá na vida de seus alunos: não somente a matéria que está ensinando. Mahatma Gandhi disse "Você precisa ser a mudança que quer ver no mundo", isso significa que um professor pode, com seu próprio comportamento, mostrar aos alunos a maneira mais adequada de viver e aprender.

O contraponto disso seria a máxima "faça o que eu digo, mas não faça o que eu faço", em que a preocupação em ser "um espelho" não existe. Quando penso em pais e professores, que lidam com crianças ainda em formação, "ser um espelho" é fundamental. É muito comum adultos que mentem, por exemplo, dizerem que aprenderam a mentir dentro de casa, quando apesar dos pais dizerem "não minta, porque mentir é feio", e quando o telefone tocava diziam "filho, atende e se for fulano diga que não estou"...

A relação do professor com a criança é tão ou mais importante que a dos pais, principalmente no mundo atual, em que os pais trabalham e mal têm tempo para educar seus filhos, deixando esta tarefa para a escola. Hoje em dia, o professor não é apenas aquele que ensinará português ou matemática... ele ensina a viver! Sei do desafio que isso traz, pois acompanho muitas histórias de professores que quiseram educar crianças e foram repreendidos pelos pais. Hoje existe uma incongruência muito grande nesses papéis. Penso que este é mais um motivo para que os professores estejam muito mais preparados do que antes, quando "apenas" ensinam as matérias escolares.

Outro conceito importante que a PNL Sistêmica oferece aos professores é a noção dos Canais de Comunicação VAC: Visual / Auditivo / Cinestésico. Aprendizes visuais tendem a aprender melhor assistindo ou lendo. Uma pessoa com estilo de aprendizagem auditiva, por outro lado, aprenderá melhor através da escuta e discussão. Os aprendizes cinestésicos precisam se tornar fisicamente envolvidos com o que estão aprendendo. Eles gostam de se movimentar e experimentar coisas. Muitas vezes, as pessoas lutam na escola ou em situações em sala de aula porque seu próprio estilo de aprendizagem não é compatível com a abordagem tradicional de ensino de algum assunto, ou está contrapondo com o estilo de ensinar de seu professor. Aprendizes cinestésicos, em particular, lutam com frequência com os métodos tradicionais de ensino em sala de aula, que enfatizam a informação visual e auditiva. É fundamental que um professor misture de alguma forma, o que está ensinando, utilizando esses Canais VAC. Claro que aqui dependemos da matéria e muitas vezes da própria escola permitir que o professor, por exemplo, leve os alunos a experiências que tragam aos cinestésicos mais facilidade em aprender.

Na Epistemologia da PNL assume-se que aprendizagem toma espaço através do estabelecimento de programas 'neuro-linguísticos' – um aprendiz forma mapas cognitivos dentro de seu sistema nervoso, que se torna ligado às observações externas e às respostas comportamentais. Os mapas cognitivos são formados através da influência da linguagem e de outras representações, que ativam padrões coerentes dentro do sistema nervoso do aprendiz. Aprendizagem toma espaço através de um ciclo orgânico no qual os mapas cognitivos e as experiências de referência comportamentais "acumulam" para formar grandes sistemas de programas coordenados, que produzem um desempenho habilidoso.

Um desempenho habilidoso requer a organização de tipos diferentes de mapas, que mobilizam áreas ou níveis diferentes do sistema nervoso, incluindo:

• **A percepção do ambiente externo** – o ONDE E QUANDO da aprendizagem.
• **Ativação de comportamentos concretos específicos** – o O QUE da aprendizagem.
• **O uso de estratégias internas, planos ou outras capacidades mentais** – o COMO da aprendizagem.
• **A invocação de crenças e valores pessoais** – o PORQUÊ da aprendizagem.

- **O conceito de self (eu) e o sentido de identidade** – o QUEM da aprendizagem.

A competência inconsciente ou competência latente vem da criação de experiências de referência. A competência consciente vem da habilidade de codificar experiências. Decodificar é estabelecer uma conexão entre um mapa, abstração ou um rótulo e experiências de referência pessoais.

O desenvolvimento das duas competências, consciente e inconsciente, vem da ativação e refinamento de experiências pessoais e comportamentos, na forma de exercícios e atividades. Um treinamento envolvendo PNL promove três tipos básicos de atividades de aprendizagem:

1. Atividades de descoberta – nas quais alunos vivenciam atividades com um mínimo de definição formal de objetivos, com o propósito de criar experiências de referência comportamentais que servem como uma base intuitiva para pacotes cognitivos que vêm mais adiante no programa. Exercícios de descoberta permitem ao aluno ter experiências espontâneas imaculadas e descontaminadas por expectativas conscientes sobre o que está "suposto" que vá acontecer. Exercícios de descoberta promovem o desenvolvimento da competência inconsciente.

2. Atividades de aplicação – nas quais alunos vivenciam atividades com objetivos especificamente definidos, procedimentos de evidência e instruções explícitas do processo para operações. Atividades de aplicação promovem o desenvolvimento da competência consciente com habilidades definidas pela mistura de pacotes cognitivos e outras experiências de referência.

3. Atividades de avaliação – nas quais alunos vivenciam atividades com o pressuposto de desenvolver tanto a competência inconsciente quanto a consciente com as habilidades designadas pelo programa de treinamento. O desempenho durante as Atividades de Avaliação promove um feedback concreto tanto ao instrutor quanto ao aluno em relação aos tipos de habilidades internalizadas.

Agora quero falar um pouco sobre Sponsorship. Crescimento, proteção e mudança, no nível de identidade, são promovidos através de um tipo especial de relacionamento conhecido como Sponsorship. Sponsorship envolve despertar e salvaguardar qualidades fundamentais dentro de outras pessoas, e prover condições, suporte e recursos que permitem que o grupo ou o indivíduo sejam apadrinhados para expressar e desenvolver suas atitudes e capacidades ímpares, em um grau mais pleno. Em resumo, sponsorship envolve promover a identidade única do indivíduo.

É possível também engajar alguém em seu "auto-sponsorship", no qual será capaz de aprender a promover e salvaguardar qualidades essenciais dentro de si mesmo.

O processo de sponsorship é principalmente expresso através de comunicação (verbal e não verbal) de uma série de mensagens-chave. Essas mensagens têm a ver com o reconhecimento do indivíduo de uma maneira muito fundamental.

As mensagens básicas incluem:

- **Você existe. Eu vejo você.**
- **Você é valioso.**
- **Você é importante/especial/único.**
- **Você tem algo muito importante a contribuir.**
- **Você é bem-vindo aqui. Você pertence.**

NÃO-SPONSORSHIP E SPONSORSHIP NEGATIVO

A importância do Sponsorship e suas mensagens podem ser ilustradas através de comparações com contextos onde isso não existiu e onde existiu, o que é chamado de "Sponsorship negativo". As mensagens de "Sponsorship negativo" podem funcionar como um tipo de "pensamento virótico", que nos limita e interfere em nossas habilidades de nos adaptar com sucesso às mudanças dentro de nós e em nossa volta.

Em situações de Não-Sponsorship, existe essencialmente uma ausência de mensagens positivas. Em contextos de Sponsorship negativo estão sendo comunicadas mensagens opostas às mensagens de Sponsorship. Isso leva a reações emocionais ao longo das linhas do Não-Sponsorship, só que mais exageradas.

Bom, e é claro que eu não poderia deixar de citar o nosso "famoso" rapport = uma sintonia fina que se estabelece entre os seres vivos. Ele é importantíssimo em todas as relações, que dirá na relação professor/aluno. O processo de estabelecer rapport se dá com o acompanhamento do canal de comunicação; do tom/volume de voz; dos movimentos corporais, gestos e de tudo o que se possa observar no outro. Combinar padrões de linguagem verbal e não verbal é uma maneira de reconhecer o modelo de mundo de alguém.

Por exemplo, uma forma de desenvolver rapport é ouvir os tipos de padrões de linguagem usados por alguém e então fazer um tipo de "escuta ativa", combinando algumas de suas palavras. Desta forma, se o aluno fala "Eu sinto que preciso me aprofundar mais nisso", o professor poderia dizer "Sim, eu entendo que você tem uma sensação de que nós precisamos explorar mais isso". Colocar-se em postura semelhante, usar padrões de entonação e expressões parecidos, vestir-se de forma semelhante etc. são algumas maneiras não verbais de acompanhar pessoas. Essa é uma forma poderosa de colocar-se "nos sapatos" de outra pessoa e fazê-la sentir-se confiante na relação.

Sei que os profissionais que escreveram cada capítulo desta obra trouxeram muitos mais exemplos e percepções com o intuito de aumentar a sabedoria destes profissionais que são, em minha opinião, os mais importantes e respeitáveis de todos aqueles que escolhem dedicar suas vidas à missão de ensinar.

PARABÉNS!

7

O poder das metáforas para motivar os alunos e desenvolver a inteligência emocional, a atitude e a ética

Deroní Sabbi e Lisete Gorbing

Deroní Sabbi

Palestrante, psicólogo, Coach e hipnoterapeuta. Iniciou sua formação em PNL em 1985. Em 1994 formou-se como trainer em PNL com Robert Diltz e Judith Deloizier na Universidade da Califórnia. Ministra cursos de formação em PNL desde 1992. Autor de diversas obras sobre inteligência emocional, autoestima, superação do stress, PNL e Coaching. Ministrou mais de 2000 palestras e cursos, uma boa parte na área educacional.

Lisete Gorbing

Palestrante, MBA em Coaching e Master em PNL e Coaching. Atua na formação em PNL desde 1995. Vem atuando na Gestão de Pessoas há 35 anos, tendo trabalhado como Coordenadora Pedagógica por mais de 20 anos. Possui especialização em Supervisão Escolar, Revisão de Currículo e Dinâmica de Grupo e Resolução de Conflitos.
Os dois são autores dos vídeos Inteligência Emocional, Inteligências Múltiplas e O Poder da Palavra como instrumento de mudança.

(51) 3029 1430
www.sabbi.com.br

INTRODUÇÃO

Hoje já é de domínio comum que educar não é apenas repassar conteúdos específicos. Sabemos que passar informações e fazer com que sejam memorizadas pouco ou nada contribui para a construção do conhecimento. Ao pensarmos numa educação consequente, muitos questionamentos afloram à nossa mente, como por exemplo: o que conduz os alunos a serem bem sucedidos na vida? O que leva alunos e professores ao sucesso no aprendizado e na vida?

Num mundo em que o número de informações dobra em poucos dias, as habilidades e competências dos professores precisam ser ampliadas. Quais as habilidades e competências que o professor precisa desenvolver para contribuir para uma educação para a vida? E qual o papel da Inteligência Emocional no processo de crescimento do aluno? A tecnologia, a Programação Neurolinguística - PNL e a neurociência podem ajudar neste processo? Como? Neste artigo abordaremos esses quatro elementos e seu papel na educação e veremos algumas ações efetivas utilizando o poder da palavra, a imaginação e as metáforas.

1. INTELIGÊNCIA EMOCIONAL

As pesquisas mostram que as grandes empresas contratam seus colaboradores pelas suas qualidades técnicas e são dispensados pela falta de inteligência emocional, atitude e ética. Isso se reflete cada vez mais em toda a sociedade. Hoje existem pesquisas afirmando que 87% dos sucessos pessoal e profissional dependem, não apenas do domínio da tecnologia, mas especialmente da desenvoltura e habilidade de relacionamento com as pessoas, ou seja, da inteligência emocional. E é evidente que o bem-estar e a felicidade pessoal dependem disso também. Neste sentido, é importante que o educador se ocupe do desenvolvimento da sua inteligência emocional, nos seus aspectos intra e interpessoal, o que naturalmente influenciará no desenvolvimento da inteligência emocional dos alunos também.

Segundo o psicoterapeuta Claude Steiner , as consequências da falta de educação emocional, citando apenas os dados levantados nos países desenvolvidos, provocam problemas de conduta e evasão escolar na infância e adolescência em todas as classes sociais, problemas conjugais, separações, conflitos entre pais e filhos, depressão, doenças psicossomáticas, incluindo-se delinquência, aumento do abuso de drogas lícitas e ilícitas, acidentes e conflitos de trânsito, violência em todos os níveis e setores sociais, homicídios e suicídios, abuso físico e sexual de mulheres e crianças, crianças abandonadas e desemprego em todos os níveis.

A inteligência emocional se constitui na capacidade de conhecer, entender as emoções e sentimentos, expressando-os produtivamente, ter autocontrole e empatia com outras pessoas e assim compreender o que sentem para poder interagir positivamente com elas. Ser emocionalmente competente é ter a capacidade de lidar com as emoções de modo a desenvolver o poder pessoal, promovendo a qualidade da vida para si e para as pessoas que nos cercam. Quando educamos as emoções, a comunicação e os relacionamentos se ampliam, criando possibilidade de afeto, diálogo e feedback entre as pessoas, o trabalho cooperativo torna-se viável e o sentido de comunidade é facilitado. Todos nós temos algo a aprender com nossas emoções. Por isso, temos usado programas específicos para promover esse desenvolvimento, direcionados a professores, pais e alunos.

A evolução tecnológica em marcha acelerada vai resultar em uma mudança significativa no papel das escolas e universidades: em vez de só transmitirem informações, caberá a elas ensinar a raciocinar, a construir conhecimento a partir das informações e a colocá-lo em uso na prática. Esse processo deve ser interpretado de modo amplo, não apenas no sentido de formar um bom profissional, mas também de incentivar o aluno a se tornar uma pessoa que possa aproveitar plenamente a vida, apreciar as artes, em especial a música, ser capaz de enxergar os diferentes lados de uma questão. O cidadão do futuro, parte desta geração que está agora nos bancos escolares, é aquele que os políticos não poderão enganar porque ele conhece e entende de política e será ca¬paz de fiscalizar as ações do candidato no qual votou.

Assim como aprendemos a ler e a escrever, podemos desenvolver a capacidade de lidar com nossas emoções e sentimentos e para isso existe uma série de metodologias e técnicas simples que permitem esse desenvolvimento em qualquer idade.

Para motivar o aluno, especialmente nas primeiras semanas de aula, em cada semestre o professor precisa ouvi-lo, conhecer sua história, de onde veio, onde vive, qual sua realidade, o que gosta, o que sonha, o que faz sentido para ele. A escola precisa respirar a cultura do aluno para que ele se sinta valorizado. Se o professor gosta de gente, usará dinâmicas que criam relacionamentos significativos. O tempo que gastará nessas dinâmicas será compensado amplamente numa maior rapidez de aprendizado na sequência das atividades, pois conquistará o aluno que se tornará mais receptivo e motivado a aprender.

À medida que a tecnologia avança, o ensino se torna cada vez mais virtual e o professor precisa acompanhar essa evolução reformulando continuamente sua didática, adaptando-a aos novos conceitos de uma comunidade global. Com isso, seu papel de ampliar o significado do aprendizado por meio dos aspectos emocionais e relacionais aumenta de importância.

2. UMA EXPERIÊNCIA COM PNL, INTELIGÊNCIA EMOCIONAL E MEDITAÇÃO NA SALA DE AULA

No ano de 1999, a professora Elenice Rodrigues, que depois tornou-se Secretária da Educação de São Sepé (RS), após assistir a uma palestra que proferimos num Congresso Internacional de Educação em São Luiz Gonzaga, fez uma experiência durante um ano. Ela tinha oito turmas, nas quais ministrava aulas de Língua Portuguesa. Em quatro dessas turmas ela deu aulas da maneira convencional. Nestas, houve cerca de 70% de aprovação. Em quatro outras turmas ela utilizou exercícios de PNL, inteligência emocional, metáforas e meditação nos primeiros 15 minutos de cada aula e a aprovação foi de 100%, sendo que os casos de apelidos e bullying desceram a zero. Essa experiência elevou em cerca de 30% o rendimento dos alunos com reflexos altamente positivos no seu comportamento.

A Programação Neurolinguística (PNL) demonstrou ser um poderoso instrumento para a compreensão da natureza subjetiva do ser humano e sua transformação.

O professor pode utilizar perguntas que a PNL propõe para tornar mais efetiva a comunicação e definir de maneira mais clara e precisa os seus objetivos, incentivar e ensinar essa arte aos alunos. Pode-se questionar, por exemplo:

"O que você quer? Onde? Quando? Como pretende chegar lá? O que ainda o impede de chegar lá? Que recursos já tem? De que recursos necessita? Do que precisa abrir mão? Qual o plano de ação, passo a passo? Como pode usar uma linguagem específica que possa mobilizar o potencial interior em prol do seu objetivo? O que vê, ouve e sente no momento em que alcança mentalmente seu objetivo? Como você se estrutura para alcançar sua meta"? Essas e outras perguntas, feitas com frequência, o ajudarão a encontrar a maneira mais efetiva de aprender. E mais do que isso, o ensinará a pensar e estruturar sua vida de maneira que o auxilie a alcançar seus objetivos.

Um dos instrumentos efetivos da PNL que facilita o aprendizado, a motivação e as mudanças de comportamento é o uso das metáforas. A neurociência vem mostrando que o aprendizado mais efetivo se faz quando há sentido e significado no aprendizado e se chega a isso com reflexão e imaginação. O educador que utiliza as metáforas trabalha com esses elementos e influencia neurologicamente as formações emocional, ética e moral do estudante.

A PNL ensina a usar o poder da palavra com precisão e ética, por meio da identificação e do uso adequado dos padrões linguísticos e como utilizá-la para nos possibilitar estados mais poderosos de ampliação de nossa influência e habilidade de comunicação, por meio da linguagem subliminar, que está sempre presente na comunicação, embora a maior parte das pessoas não a perceba. Com exercícios e práticas, permite assimilar que o mapa não é o território, ou seja, o que pensamos de nós mesmos, das pessoas e da realidade é diferente do que a realidade em si. Isso no dia a dia permite evitarmos equívocos provindos de julgamentos e interpretações apressadas, baseadas em generalizações, omissões e distorções excessivas.

3. O PODER DAS METÁFORAS

As metáforas são ferramentas muito especiais com aplicações em diversas áreas, constituindo-se num poderoso instrumento de mudança na aprendizagem, na educação, nos negócios e na vida. Estão presentes em todas as culturas, ensinando às gerações mais jovens a história de sua própria gente, dos antepassados míticos e heroicos. São analogias a respeito de alguma coisa no nível consciente, mas que sugere ou faz referência a outra, num nível mais profundo, inconsciente. Toda comunicação verbal, de certa forma, é uma comunicação metafórica, uma vez que as palavras são símbolos que representam fatos e situações reais. Mas é preciso estar atento à expressão corporal porque ela pode ampliar ou minimizar o impacto da metáfora. Portanto, as metáforas usam analogias ao invés de valerem-se das palavras no sentido que o dicionário as define.

Como assinala o advogado, jornalista e escritor brasileiro, João Nicolau Carvalho, em um de seus artigos, publicado no Portal O Golginho, o conceito de metáfora é muito amplo e por isso é importante fazer algumas distinções de tipos: narrações, parábolas, histórias são formas metafóricas mais completas e complexas, utilizadas inclusive na literatura universal. Para gerar mudanças no interlocutor, a história há de possuir formas análogas à realidade vivida por ele. No entanto, segundo o autor, provérbios, anedotas, mitos, contos, fábulas e até citações de filósofos ou teóricos conhecidos têm caráter prático e popular, comum a todo um grupo social, expressando comparações de forma sucinta e são geralmente ricas em imaginação.

Milton Erickson, um dos inspiradores da PNL, usou bastante essa importante ferramenta dentro de transes hipnóticos e era muito hábil em promover grandes transformações de estado e disparar processos curativos a partir de metáforas, que foram utilizadas na PNL de várias formas, dependendo do efeito que se deseja, do conteúdo que se quer enfocar, do tempo disponível, do sujeito ou grupo de pessoas. Quando dizemos "as paredes têm ouvidos", qualquer um entende claramente o que queremos transmitir: "pode haver alguém escutando nossa conversa". No entanto, embora a primeira expressão não seja verdadeira no sentido literal, produz muito mais efeito do que a segunda.

As metáforas podem criar alternativas e soluções, ressignificando e reenquadrando sintomas em recursos, contornando resistências, modelando modos efetivos de comunicação, servindo como instrumento de persuasão, negociação e vendas. São utilizadas como meio de propaganda e marketing, anúncios e símbolos. Logotipos também estão repletos de termos metafóricos. Profissionais de todas as áreas podem desenvolver maneiras elegantes de esclarecer ideias, produzir motivação, persuadir, convencer e obter cooperação com as metáforas.

Educadores podem utilizá-las para aumentar sua habilidade para incentivar a motivação pessoal, manter a atenção dos alunos, apresentar e esclarecer conceitos, dar significado à informação apresentada, contornar resistências e mesmo neutralizar emoções negativas do passado, ressignificando-as de maneira que o aluno se sinta mais harmonizado, podendo até permitir uma reestruturação pessoal. Ao utilizá-las, o educador tem nas mãos um poderoso instrumento para passar as informações diretamente ao inconsciente do aluno, possibilitando a eles novas opções de aprendizagem.

O uso das metáforas facilita ao professor e ao aluno:

- compreender que mapa não é o território;
- assimilar, na prática, que é impossível não se comunicar de alguma maneira e influenciar uns aos outros;
- que não existem erros, apenas resultados;
- que todos os nossos comportamentos têm uma intenção positiva;
- que é importante ter mais alternativas de comportamento;
- que tem uma sabedoria interna que escolhe a alternativa que oferece melhor custo-benefício e que pode instalar escolhas mais saudáveis de comportamento;
- que pode ir testando o que vai aprendendo e perceber o que funciona e o que não funciona pra ele.

Se o que o professor fez até agora não funcionou, tem que fazer outras coisas, buscar novos caminhos e novas soluções. Assimilar esses conceitos na prática permite que o educador e o aluno aprendam a reinventar-se a si mesmos e melhorar a qualidade dos seus comportamentos, suas habilidades e competências. A metáfora é um dos maiores instrumentos de influência no aprendizado de todos os tempos.

4. COMO AS METÁFORAS FUNCIONAM

As metáforas, como todos os meios de comunicação indireta, driblam a resistência e alcançam a mente inconsciente de uma forma mais profunda e direta. Elas funcionam para cada pessoa de uma forma diferente, de acordo com as características individuais, o que lhe dá um imenso poder.

O processo de comunicação da mente inconsciente é essencialmente a linguagem metafórica ou analógica, por ser uma forma de expressão que se refere direta ou indiretamente ao que foi apresentado como problema, ou serve de ilustração importante dentro da comunicação, transmitindo aos níveis mais profundos da mente uma mensagem impactante que nela atua sobre diversos aspectos.

Para tornar um tema sobre o qual falamos mais impactante ou significativo podemos contar um caso ou uma história, o que permite uma maior fixação da essência do ensinamento. Ao contar uma história, conto, vivência, mito, exemplo ou parábola, com a devida atenção aos sinais não verbais e à sintonia, a ressonância afetiva entre quem conta e quem a recebe promove na mente do sujeito um contato com experiências que vão muito além do que foi dito, enfatizando o tema. Uma metáfora funciona como os primeiros raios de sol que iluminam o ambiente e desfazem as trevas da noite, no sentido de esclarecer conceitos difusos.

Segundo Joseph O'Connor, um dos maiores estudiosos da PNL, a linguagem figurativa utilizada no processo da comunicação fica muito mais marcada do que o sentido literal das palavras. As metáforas podem ser próximas, quando se dirigem diretamente ao ponto desejado. Ou distante ou superficial, quando o objetivo é amplo e não específico. Isso deixa a metáfora mais profunda. Segundo ele, pode-se utilizar as metáforas de duas maneiras, o que as torna universais ou isomorfas.

As metáforas universais são analogias que contêm padrões de processo previamente elaborados, como uma fábula ou história infantil. O sujeito se transporta para a história, adaptando-a aos seus próprios padrões internos e se identificando com os personagens e situações. Ele se projeta, enxerga-se vivendo a história, sente-se parte dela e ela passa a fazer sentido para si.

Já as metáforas isomorfas são analogias construídas sob medida para uma situação específica. Sua construção exige que a situação seja modelada previamente, antes da montagem da história propriamente dita. O enredo, por sua vez, deve conter os processos modelados do sujeito.

O primeiro passo para se criar uma metáfora com objetivo de mudança final é descobrir o estado atual e o estado desejado do aluno. A metáfora será a trajetória ou a jornada do estado atual para o estado desejado. Decodificamos pessoas, lugares, objetos, atividades e tempo, sem perder de vista os sistemas representacionais e submodalidades visuais, auditivas e cinestésicas de cada um desses elementos. Então escolhemos um contexto que seja interessante e substitua os elementos do problema em elementos análogos, mantendo a relação entre eles. Por fim criamos a trama da história com a mesma forma do estado atual e conduzimos, por meio da estratégia de ligação, até o estado desejado, sem passar pelo hemisfério esquerdo, indo direto ao inconsciente, por meio de um roteiro.

A construção e utilização de uma metáfora requer certas habilidades que podem ser treinadas nos cursos de PNL, pois isso só se aprende fazendo. Em linhas gerais, essas habilidades são: sensibilização, calibração, reconhecimento de temas e padrões de linguagem, criação de analogias com experiências de pessoas, boa formulação de objetivos, criação de uma metáfora básica, utilização da linguagem de percepção para acompanhar os sistemas de representação, rapport, reconhecimento e utilização dos critérios de escolha altamente valorizados, produção da estratégia de ligação, ressignificação, reenquadramento, narração de histórias e outros. Muitas pessoas superam fases difíceis de sua vida inspirando-se em um filme, uma peça de teatro, livros que usaram linguagens metafóricas, ressignificando acontecimentos e relações, reorganizando o processo existencial e trazendo mais sentido às suas buscas.

É comum entre aqueles que contam histórias para seus filhos ou alunos comentar a respeito dela, explicando ou dando sua própria interpretação. Isso deve ser evitado, pois a força e o poder da história é maior, na medida que permanecem as perguntas em aberto, mantendo a sua magia e o seu mistério. É isso que vai ficar pulsando nos níveis mais profundos da mente do ouvinte. As sementes foram colocadas ali com a metáfora, mas em cada terreno, representado pela mente de cada um, a semente romperá o seu invólucro no seu tempo e florescerá à sua maneira, com seu próprio significado, diferente para cada um. E quando a história encaixa de forma análoga a um conteúdo interno de quem a ouve, produz um movimento único para cada ser e o seu efeito não virá apenas da história em si, mas da interação da história e do conteúdo que está vivo no interior de cada um. Algo de invisível pode acontecer no imaginário de um dos ouvintes e talvez menos ou mais com outro, pois esse processo vai além dos fenômenos da mente puramente racional. A metáfora quando contada com empatia e conexão é um processo vivo que pode produzir mudanças profundas, mas a cada um no seu processo e no seu tempo. O contador de histórias se inspira nos próprios sinais não verbais do ouvinte para acessar, através de seu feeling, recursos que tornam sua contação de histórias um processo personalizado. Por isso, o mais acertado é contar a história e cada um decifrar à sua maneira. mas a cada um no seu processo e no seu tempo. O contador de estórias se inspira nos próprios sinais não verbais do ouvinte para acessar, através de seu feeling, recursos que tornam sua contação de histórias um processo personalizado. Por isto o mais acertado é contar a estória e cada um decifrar à sua maneira.

5. ALGUMAS METÁFORAS INTERESSANTES
a) Uma história para reforçar valores positivos

Um rei chamou seu filho e disse:

– Meu filho, já estou muito velho e logo você tomará o meu lugar. Um rei precisa de uma companheira. Você precisa casar antes de assumir o meu lugar. O príncipe então reuniu todas as jovens solteiras do reino e deu uma semente a cada uma, dizendo:

– Daqui um mês nos encontraremos novamente e escolherei aquela que tiver a flor mais linda.

Um mês depois vieram as moças, cada uma com uma flor mais linda que a outra. Uma das jovens mostrou o seu pote e disse:

– Não nasceu nada.

O príncipe casou-se com ela, pois havia dado sementes inférteis a todas e ela foi a única que falou a verdade.

Uma história como esta terá um efeito centenas de vezes mais efetivo do que uma ordem do tipo: seja honesto. A metáfora usa imagens e estimula a imaginação, toca a emoção e traz um sentido. Tudo isso atua por muito tempo na mente de quem a ouve.

b) Uma história sobre moral e ética

Um professor perguntou ao seu mestre:

– Mestre, o que é ética? E como posso explicar aos meus colegas professores, aos meus alunos e seus pais de maneira simples para que todos entendam?

O mestre respondeu:

– Ética é fazer ao outro só aquilo que se quer que seja feito a si mesmo.

O professor fez outra pergunta:

– E o que é moral?

O mestre respondeu:

– Moral é não precisar fazer nada escondido. Se precisar fazer escondido, então é imoral.

E completou:

– Não pode haver nada pior do que um bom conselho... e, após uma longa pausa, – ... seguido de um mau exemplo.

c) O exemplo de Gandhi

Uma mãe procurou Gandhi junto com seu filho e pediu para ele falar ao menino, que era obeso, que ele deveria parar de comer açúcar, pois o açúcar lhe fazia mal. Gandhi olhou para a mulher, olhou para o filho, analisou e olhando novamente para aquela mãe, disse:

– Volte daqui a 15 dias.

Quinze dias depois, a senhora procurou Gandhi novamente. Ele a reconheceu e olhando novamente para o menino, disse com doçura:

– Filho, para de comer açúcar! (O que Gandhi falava "era lei").

A paciente mãe, intrigada, perguntou a Gandhi:

– Por que não disse isso a meu filho 15 dias atrás? Eu não precisaria vir de tão longe.

Gandhi olhou ternamente para a mulher e respondeu:

– Há 15 dias eu ainda comia açúcar!

Gandhi mostra portanto, que: educar através do exemplo é ser ético!

Podemos dizer que uma metáfora vale por muitas páginas de conteúdo. Então, se cada professor contar com frequência uma metáfora dirigida, tanto ao aprimoramento moral e de valores, como para explicar um conceito em qualquer área do conhecimento, pode-se imaginar o efeito que isso terá para a construção do conhecimento e para a formação ética do aluno.

Costumamos perguntar em nossas palestras aos professores:

"Se hoje são conhecidos os procedimentos que podem atuar no cultivo e desenvolvimento de valores e melhores atitudes, desde a mais tenra idade, em lugar de priorizar apenas a inteligência e a lógica, por que não se trabalha mais efetivamente nesta direção?"

Sabemos que para sermos respeitados precisamos ter moral para darmos exemplos que inspirem o respeito. Não estaria aí a razão pela qual tantos se acomodam, já que teriam que começar reexaminando o que pensam, sentem e fazem, ou seja, suas atitudes, no seu cotidiano?

Não existe espaço para o comodismo e a alienação, já que isso exige o esforço de cada um para tornar-se cada dia um ser humano melhor e influenciar o ambiente em que vive. Somente com proatividade e ações conscientes é que podemos transformar a realidade.

Gandhi disse: "Sejamos a transformação que desejamos para o mundo". Então, devemos começar por nós mesmos, sendo coerentes com aquilo que queremos ensinar. Isso cabe aos pais, que são a maior influência na formação do caráter dos filhos, e depois aos professores que irão reforçar as influências positivas ou negativas que as crianças receberam de seu berço familiar.

Portanto, se quisermos construir um mundo melhor, nós, os adultos, os pais e os professores precisamos desenvolver em nós mesmos habilidades, valores e atitudes que possibilitem nosso desenvolvimento emocional, o que fará a diferença na qualidade do viver.

Só podemos influenciar verdadeiramente pelo exemplo. Isso possibilitará uma educação integral que preparará realmente o aluno para uma vida mais saudável, ética, bem sucedida e feliz. Assim poderemos construir um país mais ético e um mundo melhor.

8

A PNL e a Inteligência Emocional na sala de aula

Eliana Apolinário Comério

Eliana Apolinário Comério

Diretora e fundadora do Ágape Instituto de Desenvolvimento Humano, CEO - Coach Executiva Organizacional, master e trainer em PNL com certificação internacional pelo Metaforum Internacional NLP. Avatar pela Star Edge - Flórida EUA, palestrante, conferencista do 1º Congresso de Educação e PNL – RJ, pós-graduada em Planejamento do Ensino pela UNIVERSO (RJ) e pós-graduada em Programação Neurolinguística pelo Instituto INDESP e UNIG (RJ), pedagoga. Consultora pessoal e empresarial, ministra curso de desenvolvimento humano em vários estados do Brasil.

elianacomerio@hotmail.com
www.agapeinstituto.com.br

A sala de aula é um espaço privilegiado, no qual o envolvimento de professores e alunos vai além dos limites da aventura do conhecimento. Diz Rios (2002, p. 24): "O mundo é do tamanho do conhecimento que temos dele. Alargar o conhecimento para fazer o mundo crescer e apurar seu sabor é tarefa de seres humanos. É tarefa, por excelência, de educadores".

Espera-se que toda escola proporcione a aprendizagem num clima de afetividade, em que o relacionamento humano possa ser mais significativo, pleno e duradouro. Esse clima é favorecido pela atuação do professor, que, por meio da troca de experiências, permite o crescimento mútuo entre os espaços do SER professor e do SER aluno.

No entanto, deparamo-nos, em outras épocas, e hoje, de forma mais agravante, com o discurso recorrente de boa parte dos professores, no qual destacam as dificuldades de aprendizagem e ensino, devido ao desafio das relações intra e interpessoais no contexto escolar. Os professores e os alunos chegam à sala de aula despreparados emocionalmente, por que ainda lhe faltam ferramentas para lidar com tais desafios. Uma questão importante, que precisa de cuidado, validada por literaturas específicas sobre o tema, que confirmem o vínculo entre a atuação didática do professor, sua relação com o aluno, com os próprios sentimentos.

Nesse quadro, veem-se o professor e aluno envolvidos por uma gama muito grande de informações e tecnologias, mas também, carente de afeto, de atenção, de autoestima e de autoconhecimento. É visível e urgente a necessidade de proporcionar espaços para as relações humanas dentro do processo educacional.

Faz-se necessário uma educação que priorize os conteúdos e que desenvolva, acima de qualquer habilidade, as competências essenciais para formar cidadãos que saibam SER e CONVIVER. E esse tem sido um dos maiores desafios da humanidade: "Conviver com a diferença". Diria que é um dos grandes paradoxos do SER HUMANO. O homem nasce em sociedade, fazendo parte de um grupo, mas devido às suas individualidades e "modelo de mundo" ainda comete os maiores erros por, em muitas situações, não saber lidar com as emoções nos diversos contextos.

A Programação Neurolinguística, fundamentada em algumas teorias (Semântica Geral de ALfred korzybski, Gramática Transformacional de Noam

Chomsky, Teoria de sistemas Gregory Bateson, Cibernética de W. Ross Ashby, Pragmatismo de Willian James, Fenomenologia de Edmund Husserl, Positivismo Lógico de Bertrand Russel e Alfred North Whitehead), oferece ferramentas eficazes que, aplicadas às relações: professor/professor, professor/aluno, professor/prática pedagógica, terão mais sucesso na sua caminhada.

PNL - Programação Neurolinguística é uma tecnologia e/ou arte do agir e pensar, que proporciona maior compreensão do funcionamento da mente e, em conseqüência, maior equilíbrio emocional, mais qualidade de vida, comunicação eficaz e chegada mais rápida a importantes resultados pessoais e profissionais. O sucesso, através da PNL, é focalizado nos diversos âmbitos da existência humana: físico, mental, emocional e espiritual, atendendo ao que se chama de educação integral do homem.

A PNL é reconhecida como uma das mais avançadas ferramentas do desenvolvimento pessoal e profissional da atualidade, impressionando por sua simplicidade e rapidez de seus resultados. Leva em conta a interação entre nossa mente, nosso corpo e o sistema maior no qual estamos inseridos.

Serão abordados aqui alguns conteúdos e conceitos da PNL, imprescindíveis na prática pedagógica, que entrelaçados aos demais conteúdos das teorias da educação, serão valiosos para o desenvolvimento da inteligência emocional dos professores. São eles: Pressupostos e princípios da PNL; como o indivíduo cria suas emoções e estados; a linguagem dos sentidos e os estilos de aprendizagem; calibração e pistas oculares; Rapport - ampliando e fortalecendo relacionamentos e as influências da linguagem.

Acredita-se que esses conteúdos possam proporcionar o desenvolvimento do potencial pessoal e profissional, aumento da autoestima, melhoria na habilidade de tomar decisões e capacidade de lidar com desafios e adversidades, excelência na comunicação e nos relacionamentos interpessoais, maior motivação e competência emocional.

Diversos filósofos, autores e pensadores levantaram discussões e propuseram uma série de estudos e teorias sobre como ajudar o ser humano no seu autodesenvolvimento, conhecimento e controle das suas emoções. Autores, como: Piaget, Vygotsky, Paulo Freire, Edgar Morim, Nóvoa, Daniel Goleman, Gardner. Os autores da PNL pesquisados foram Joseph O'Connor, Jonh Seymour, Gilson Pacheco, entre outros.

Certo de que o professor é uma das "peças" fundamentais que contribuem para o bom andamento do processo ensino-aprendizagem, torna-se indispensável que ele assuma o papel efetivo de protagonista do seu autodesenvolvimento e/ou responsável pela sua "alfabetização emocional", viabilizando meios para seu sucesso profissional. E como não se pode dissociar o ser humano pessoal do profissional, considerando que o homem é um ser sistêmico, ganha-se em todos os aspectos, pois investindo na sua formação enquanto ser emocional, irá construir uma relação saudável consigo mesmo e com todos com quem se relaciona.

A PNL estuda como o indivíduo pensa sobre seus valores e crenças, como ele cria os pensamentos, sentimentos, estados emocionais e comportamentos, como constrói a noção do mundo interno a partir de suas experiências e como direcionar e otimizar esse processo. Assim, ela estuda como se processa o pensamento. Pensar é usar os sentidos internamente. O indivíduo pensa, criando imagens internas, ouvindo sons, falando internamente e tendo sensações.

O'Connor (2001, p.2) subdivide a Programação Neurolinguística em três áreas que reúne:

- **Programação** - Como seqüenciamos nossas ações para alcançarmos metas.
- **Neuro** - A mente e como pensamos.
- **Linguística** - Como usamos a linguagem e como ela nos afeta.

A PNL é uma ferramenta educacional que vai contribuir para suavizar a prática pedagógica do professor com conteúdos que darão maior capacitação e competência nos desafios diários de uma sala de aula. Dentre eles, destacam-se os pressupostos que são os princípios centrais da PNL, sua filosofia, suas crenças. Esses princípios não são verdades universais. São denominados "pressuposições" por que pré-supõem como sendo verdades e depois agem como se assim fossem. Em síntese, elas formam um conjunto de princípios éticos para a vida.

As pessoas, em geral, possuem experiências e um conjunto de pressuposições a partir das quais se comunicam. Essas pressuposições pessoais são comunicadas através dos nossos comportamentos. O professor na sala de aula se comunica com o tom de voz, os gestos, as frases que usam, a expressão facial, a postura e o contato visual. Essa comunicação de pressuposições subjacentes formam um conjunto e determina como somos percebidos pelas pessoas com as quais nos relacionamos.

Entre os vários pressupostos da PNL, destaco apenas alguns úteis para o contexto escolar:

O significado da comunicação é a resposta que você obtém. Desde o primeiro contato visual, fala e gestos, passamos informações. A maneira de falar pode causar conexão ou não com o outro.

"Já temos todos os recursos de que necessitamos ou então podemos criá-los". Cabe ao professor conhecer e acreditar na sua própria capacidade, pois o professor com estados mentais negativos sobre si próprio dificilmente despertará o potencial criativo do aluno.

"O mapa não é o território". Cada ser humano tem um mapa que o orienta no mundo. Este mapa é composto de todas as experiências, crenças e conhecimento. Quando o professor conhece o seu próprio mapa, pode ajudar o aluno a expandir o dele. A PNL é a arte de mudar esses mapas para que tenhamos maior liberdade de ação.

"Todo comportamento possui intenção positiva". Todas as nossas ações têm o propósito de realizar algo que valorizamos e que nos beneficie. Por trás de todo comportamento, há sempre uma intenção positiva para a pessoa que o pratica.

"Pessoas flexíveis tem maior probabilidade de alcançar o que querem". Flexibilidade no professor é reconhecer que existem mundos diferentes, é buscar fazer o que sempre fez, de maneira que possa ser canal de conhecimento e mudança para seu aluno e saber que pode mudar junto com ele.

Considerando o pressuposto *"comunicação é resultado"*, é importante o professor conhecer alguns modelos de comunicação e percepção para entender que eles são criados por uma tríade: fisiologia (corpo), a linguagem e o foco, que englobam pensamentos/crenças/convicções.

Uma distinção importante que se precisa fazer a respeito de uma percepção é que não lidamos com a realidade e sim uma representação da realidade. Não se tem registrado na mente a vida como ela é, e sim a representação que se faz dela.

Então, cada indivíduo é responsável pelo seu estado interno e pela sua percepção da realidade. Se alguém está alegre ou triste, desanimado ou entusiasmado, isso não acontece por acaso, o indivíduo cria a sua realidade através da tríade que é a fonte do estado emocional.

A representação cerebral é uma espécie de "mapa mental" ou modelo de mundo, uma verdade particular e individual que cada ser humano possui e que o distingue das demais pessoas.

A mudança acontece através da alteração de um ou mais elementos da tríade. Esse conhecimento pode tirar o indivíduo do papel de vítima e torná-lo mais proativo no controle da sua própria vida. Levando isso para a sala de aula, quando um professor não está bem, ele demonstra isso através da sua linguagem verbal e não verbal. Além de instalar um estado negativo e trazer consequências no seu processo de ensino, ele também poderá instalar um estado de não aprendizagem no seu aluno.

Todos os seres humanos têm a sua maneira de trazer o conhecimento do mundo externo para seu mundo interno e de acordo com a PNL, ele faz isso através dos sistemas representacionais, também conhecidos como canais de comunicação. Embora o homem faça uso das três modalidades (visual, auditivo e cinestésico), tanto interna quanto externamente, devido a uma série de circunstâncias (cultura local, clima, profissão, religião, costumes familiares etc), desenvolve mais um determinado canal e menos os outros. O canal utilizado com maior desenvoltura denomina-se Canal Preferencial ou Sistema Representacional Preferencial.

Na sala de aula, o professor que sabe utilizar e reconhecer os canais dos seus alunos, terá mais chance de estabelecer uma comunicação eficaz. Este conhecimento, comunicar com o outro na linguagem dele e/ou no seu canal preferencial, vai melhorar os relacionamentos e potencializar seu poder de comunicação. Quando o professor percebe o estilo de aprendizagem do aluno, ele pode apresentar a matéria de uma maneira que torne a aprendizagem mais fácil. Cada pessoa tem sua própria maneira de aprender.

A linguagem utilizada pelo indivíduo dá pistas sobre as suas estratégias de pensamento. Em PNL, palavras sensoriais são conhecidas como predicados. Usar palavras do sistema representacional preferencial do aluno é uma maneira eficiente de apresentar a informação do jeito que ele normalmente usa para se expressar, sem fazer esforço para uma tradução interna mais próxima da sua maneira de pensar e agir. Conforme O'Connor (op. cit., p. 53), o indivíduo experimenta-se no mundo, colhendo e juntando informações, usando os cinco sentidos:

V – visual - ver

A – auditivo - ouvir

C – cinestésico - sentir

O – olfativo - cheirar

G – gustativo - gosto

Tudo o que o homem aprende passa pelos sentidos. São eles que fazem com que a vida valha a pena de ser vivida. É através dos sentidos que o homem dá significado às experiências que o tornam quem ele é, ou está, como refere na PNL.

> *Segundo Decroly, a criança precisa possuir a compreensão de si mesma, de seu próprio ser, de suas necessidades, desejos, idéias e propósitos. Precisa saber [...] como funciona seus sentidos; como estes a defendem e a ajudam; [...] porque se amedronta e encoleriza, quais são suas falhas e as virtudes que possui. (COTRIM, 1988, p. 289)*

Ter conhecimento de que se aprende através dos sentidos contribui para que professor e aluno compreendam a si mesmos, seu jeito próprio de ser, entendendo suas necessidades, desejos, idéias e propósitos. É importante que todos os indivíduos saibam como funcionam seus sentidos, como eles os protegem, defendem e ajudam; porque sentem determinadas emoções, como medo, raiva, insegurança. Conhecer suas "falhas" e virtudes contribui para potencializar e desenvolver novas capacidades.

Assim, a maneira de como o indivíduo vê, ouvi, sente sabores, toca e cheira o mundo exterior também recria essas mesmas sensações na mente, podendo lembrar-se de experiências verdadeiras passadas ou imaginar experiências futuras.

Quando o indivíduo pensa, ele representa a informação para si mesmo, internamente, usando seus Sistemas Representacionais (os sentidos) o tempo todo, mas tendendo a usar uns mais do que outros. Os sistemas principais são os seguintes:

• O **sistema cinestésico** é feito de sensações de equilíbrio, de toque, de emoções e sensações, dos sentidos internos e externos de tato e consciência corporal.

• O **sistema visual** é usado para criar as imagens internas, visualizar, fantasiar e imaginar.

• O **sistema auditivo** é usado para ouvir música internamente, falar consigo mesmo e ouvir novamente as vozes de outras pessoas.

O sistema representacional preferencial visível através da linguagem corporal se manifesta em: postura, respiração, tom de voz e movimentos oculares.

Processos e representações internos produzem, em geral, sinais e comportamentos externos bem definidos, isto é, os mesmos comportamentos externos correspondem aos mesmos processos internos. Esse método de detectar um estado ou processo interno pela observação de sinais externos chama-se de calibração.

É importante salientar que a calibração não é adivinhação, nem intuição, nem alucinação. Ela é o resultado da observação direta de cada pessoa em particular. Calibração ou calibragem significa identificar o estado interno de uma pessoa, baseando-se nos sinais externos que ela apresenta. Esses sinais externos são chamados de pistas mínimas.

Alguns sinais externos são universais. Expressões de asco e repugnância são facilmente reconhecíveis. Outras expressões claramente denotam raiva, tristeza, decepção. Reconhecê-las não é calibrar, o que deve ser calibrado é o que não é universal. Segundo Goleman (p. 149, 1999):

> Perceber o que outras pessoas sentem sem que elas o digam constitui a essência da empatia. As pessoas raramente nos dizem em palavras aquilo que sentem. Mas revelam-no por seu tom de voz, expressão facial ou outras maneiras não-verbais. A capacidade de captar essas comunicações sutis se apóia em competências mais básicas, especialmente a autopercepção e o autocontrole. Sem a capacidade de captar nossos próprios sentimentos, ou impedir que eles se apossem de nós, ficaremos irremediavelmente desconectados dos estados de ânimo das outras pessoas.

Através dos olhos consegue-se perceber o que não é "universal", eles nos dão sinais da fisiologia que ajudam a identificar os sinais internos, podendo, através de seus movimentos, evidenciar o canal que esta sendo utilizado a cada instante para acessar uma informação armazenada em nosso cérebro.

Há seis pistas oculares de acesso ou pistas de captação visual que são as posições por onde os olhos se movimentam quando não estão em busca de objetos visíveis.

Pistas de captação visual:

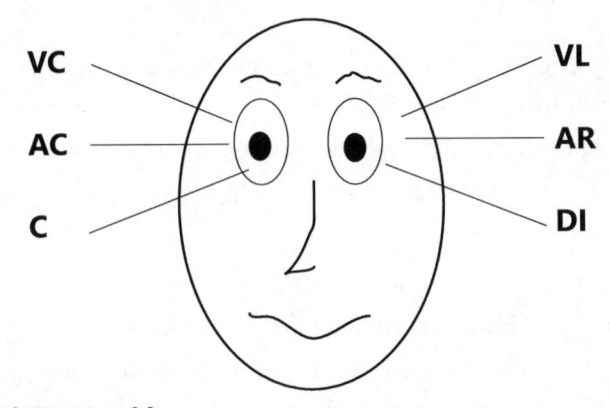

- **VC – Visual Construído**
- **VL – Visual Lembrado**
- **AC – Auditivo Construído**
- **AR – Auditivo Recordado**
- **C – Cinestésico**
- **DI – Diálogo Interno**

> As emoções das pessoas raramente são postas em palavras; com muito mais frequência, são expressas sob outras formas. A chave para que possamos entender os sentimentos dos outros está em nossa capacidade de interpretar canais não-verbais: o tom da voz, gestos, expressão facial e outros sinais. (GOLEMAN, op. cit., p. 110)

A PNL oferece as habilidades para a criação de um relacionamento respeitoso e influente ao estabelecer e construir rapport (palavra de origem francesa que não tem tradução na integra para o português), que significa relação de sintonia e confiança mútua entre as pessoas.

Goleman (op. cit. p. 130) fala sobre a importância da sincronia entre professor e aluno, dizendo que:

> *A sincronia entre professores e alunos indica a intensidade da relação estabelecida entre eles; estudos realizados em salas de aula mostram que quanto mais estreita for a coordenação de movimentos entre professores e alunos, mais eles são amigáveis entre si, satisfeitos, entusiasmados, interessados e abertos na interação. Em geral, um alto nível de sincronia numa interação indica que as pessoas envolvidas gostam uma das outras.*

No contexto escolar, o rapport é criado ao igualar o comportamento de seus estudantes. Isso significa praticar atividades junto os alunos, usando exemplos que já são interessantes para eles, usando seu canal preferencial. Quando o professor os ensina, usando gestos e posições corporais similares as deles, ajustando sua voz a uma velocidade e tom semelhantes e até respirar no mesmo ritmo, está estabelecendo rapport com seus alunos; alguns já fazem isso, sem tomar consciência; o que a PNL oferece são os passos e ferramentas para estabelecer essa relação de confiança com consciência. Sempre que as pessoas constroem rapport, elas igualam cada uma ao comportamento da outra.

Antes de fazer qualquer coisa com uma pessoa ou um grupo, você precisa criar rapport com eles. Para isso, é preciso equiparar o seu comportamento, pensamento e o nível de energia ao da outra pessoa, ter flexibilidade suficiente para ser capaz de entrar, de alguma maneira, na realidade dela. Quando se faz isso, o outro se sente reconhecido e estará disposto a se engajar com você. Esse processo depende de assumir uma segunda posição; quando o comunicador assumiu essa posição, está disposto a compreender a outra pessoa a partir do ponto de vista dela.

Para estabelecer rapport e bons relacionamentos, é preciso começar acompanhando o ritmo da outra pessoa, equiparando a sua maneira de se comunicar, usando as palavras que ela usa, seu jargão, seus termos preferidos, adotando a mesma postura e fisiologia, espelhando os movimentos do outro, complementando os aspectos dele. Espelhar não é copiar, é acompanhar os seus movimentos, gestos, respiração, tom de voz, ritmo e volume da fala para estabelecer uma comunicação no nível inconsciente, mostrando que está disposto a entrar no modelo de mundo do outro, igualando-se ao outro; assim, conseguirá passar mais confiança e sintonia na comunicação. O espelhamento é um passo essencial para construir rapport.

Ao longo da evolução, alguns teóricos deixaram sua contribuição sobre estudos feitos acerca das emoções e a importância da afetividade nas relações humanas, assim como a influência dessa afetividade no aspecto cognitivo. Dentre eles, destacam-se neste trabalho pensadores consagrados como Jean Piaget e Levy S. Vygotsk. Assim, também, autores contemporâneos que têm dedicado seus estudos no campo das emoções, como Daniel Goleman, Howard Gardner, Augusto Cury, Sílvia M. de Oliveira Pavão, dentre outros.

Tendo em vista a emoção, alguns teóricos se propuseram a pesquisar e Pavão (2003, p. 17) afirma:

> *Desde que os seres humanos adquiriram a capacidade de pensar sobre a própria existência, as emoções constituem um desafio permanente de entendimento. A partir do século XIX, iniciaram as preocupações com o estudo das emoções [...].*

As pesquisas de Goleman mostraram o quanto é necessário equilibrar o pensamento racional com controle e autoconhecimento para a realização das coisas na vida. Um aluno, por exemplo, não deve esforçar-se apenas para obter um bom rendimento, ou seja, boas notas, mas deve procurar também desenvolver sua emoção, uma vez que ela lhe garantirá atribuir mais significado e prazer àquilo que aprende. Sendo assim, exige-se uma postura e formação do professor também nessa área, para que esteja apto para atender às expectativas do aluno, como também de uma sociedade carente cada vez menos preparada emocionalmente para dar esse suporte.

Por essas razões e outras, é importante que todos os professores tenham acesso e formação em inteligência emocional, principalmente os que trabalham com as séries da Educação Infantil e de Ensino Básico, pois de acordo com Goleman, grande parte do comportamento emocional está calcado na genética e nas primeiras experiências da vida.

> *Numa época em que um grande número de crianças não é capaz de lidar com suas perturbações, de ouvir ou de se concentrar, frear um impulso, sentir-se responsável por seu trabalho ou se ligar na aprendizagem, qualquer coisa que reforce essas aptidões ajudará na*

educação delas. Nesse sentido, a alfabetização emocional aumenta a aptidão da escola para os ensinamentos. (GOLEMAN, op. cit., p. 299)

De acordo com Goleman (op. cit., p.337), inteligência emocional é a "capacidade de identificar nossos próprios sentimentos e o dos outros, de motivar a nós mesmos e de gerenciar bem as emoções dentro de nós e em nossos relacionamentos". Mas, talvez este seja o cerne da inteligência emocional: reconhecer, obter a percepção das emoções e só então agir de maneira consciente.

O educador se forma constantemente. Não existem cursos definidos que revelem verdades sobre as realidades educacionais e sociais. Por esse motivo, a formação do educador é um processo que resulta de uma construção através da leitura do cotidiano.

A aprendizagem depende do clima de sala de aula, depende também do estado emocional do professor e do aluno. O professor é quem elicia os estados emocionais favoráveis para um melhor processo ensino-aprendizagem da sua sala de aula. Um professor com mais entusiasmo, motivação para ensinar, com habilidades para ensinar como se aprende, como cria a sua própria realidade, que se conhece melhor e compreende os outros de forma mais clara, que entende e administra melhor suas emoções, facilita e acelera a aprendizagem de seus alunos.

Na Educação, a inteligência emocional, ajuda o professor a motivar o aluno, ensinando-o de maneira mais clara e objetiva, adaptando-se ao estilo de aprendizagem deles, pois existem vários tipos de aprendizes, como mencionado anteriormente, sejam eles visuais, auditivos ou cinestésicos, e a PNL possibilita identificá-los. Ela pode ser usada também para identificar e mudar crenças sobre os alunos em relação à aprendizagem.

Muitos profissionais da educação investem tempo e esforços demais teorizando sobre educação e distanciando-se do processo do aprendizado real, deixando de considerar o que acontece internamente com ele e com os alunos. Essas teorias são necessárias, mas não se traduzem em ações no nível onde a ajuda é necessária – no nível da experiência subjetiva. A boa notícia é que a PNL funciona no nível da experiência subjetiva. Assim, a aplicação da PNL na educação é uma oportunidade para o sucesso de ambos, no que se refere ao autodesenvolvimento e à aprendizagem.

A PNL vai possibilitar aos professores um conjunto único e específico de ferramentas e habilidades que o ajudarão a resolver os problemas de sala de aula – principalmente no que se refere a relacionamentos, motivação, baixa autoestima, tão comuns e persistentes nos sistemas educacionais. Os resultados com os estudantes podem ser surpreendentes. Uma vez que professores e estudantes adquiram os conhecimentos oferecidos pela PNL e desenvolvam a inteligência emocional, o efeito nas culturas e sociedades também serão transformadores. Acredita que assim a PNL verdadeiramente poderá ajudar a construir um mundo, um lugar melhor para se viver.

REFERÊNCIAS BIBLIOGRÁFICAS:
AQUINO, Julio Groppa. Erro e Fracasso na Escola: Alternativas Teóricas e Práticas. São Paulo: Summus, 1997.

CHALITA, Gabriel. EDUCAÇÃO: A solução está no afeto. 8. ed. São Paulo: Gente, 2001.

COTRIM, Gilberto; PARISI, Mário. Fundamentos da Educação. 14. ed. São Paulo: Saraiva, 1988.

COUTINHO, Maria Tereza da Cunha; MOREIRA, Mércia. Psicologia da educação: um estudo dos processos psicológicos de desenvolvimento e aprendizagem humanos, voltado para a educação: ênfase na abordagem construtivista. Belo Horizonte: Lê, 1992.

CURY, Augusto Jorge. Pais brilhantes, Professores fascinantes. 14. ed. Rio de Janeiro: Sextante, 2003.

DELORS, Jacques. Educação: Um tesouro a descobrir. São Paulo: Cortez, 1999.

FREIRE, Paulo. Educação como prática da liberdade. 21. ed. Rio de Janeiro: Paz e Terra, 1992.

GARDNER, Howard. Inteligências Múltiplas: A Teoria na Prática. Porto Alegre: ArtMed, 1995.

GOLEMAN, Daniel. Inteligência Emocional. 31. ed. Rio de Janeiro: Objetiva, 1995.

_____. Trabalhando com a Inteligência Emocional. Rio de Janeiro: Objetiva, 1998.

GOULART, Iris Barbosa. Piaget, Experiências Básicas para Utilização pelo Professor. Petrópolis: Vozes, 1983.

MACHADO, Thaís. (org.) EDUCAÇÃO 2007 – As mais importantes tendências na visão dos mais importantes educadores. Curitiba: Humana Editorial, 2007.

MANCILHA, Jairo. Programação Neurolinguística aplicada ao ensino e à aprendizagem. [200-]. 38 f. Manual. Instituto de Neurolinguística Aplicada. Vitória.

MORIN, Edgar. Os sete saberes necessários à Educação do futuro. 5. ed. São Paulo: Cortez, 2002.

NÓVOA, Antônio. O passado e o presente dos professores. 2. ed. Lisboa: Porto, 1992.

O'CONNOR, Joseph. Manual de Programação Neurolinguística – PNL. 4. ed. Rio de Janeiro: Qualitymark, 2005.

_____; SEYMOUR, John. Treinando com a PNL. São Paulo: Summus, 1996.

PACHECO, Gilson de Paula. Curso Practitioner Programação Neurolinguística. v. 1. Vitória: INDESP, 2003.

PAVÃO, Sílvia Maria de Oliveira. Competência emocional: um enfoque reflexivo para a prática pedagógica. 2003. 185. f. Tese (Doutorado em Educação) – Programa de Doutorado INNOVACIO em Sistema Educativo, Bellaterra, Espanha, 2003.

RIOS, Terezinha Azeredo. Compreender e ensinar por uma docência da melhor qualidade. 3. ed. São Paulo: Cortez, 2002.

SALVADOR, César Coll. Psicologia da Educação. Porto Alegre: Artmed, 1997.

YERO, Judith Lloyd. PNL e Educação – Uma Mudança de Foco. n. 84, jan. 2002. Disponível em: <http://www.golfinho.com.br/artigos>. Acesso em: 4 março 2008.

9
Destino: a chave para a motivação

Fábio Kasper

Fábio Kasper

Trainer certificado em Programação Neurolinguística e consultor. Master internacional em PNL, ministra treinamentos voltados à aprendizagem acelerada, relacionamentos e empreendedorismo. Fundador do Instituto Fábio Kasper de Excelência Humana. Seus treinamentos são focados em ajudar as pessoas a atingir seus objetivos em qualquer área, utilizando técnicas de Programação Neurolinguística, hipnose Ericksoniana, física quântica e constelações. Advogado, possui especialização em direito público e em docência superior.

www.fabiokasper.com

> – Poderia me dizer, por favor, qual é o caminho para sair daqui?
> – perguntou Alice.
> – Isso depende muito do lugar para onde você quer ir. – disse o gato.
> – Não me importa muito onde... – disse Alice.
> – Nesse caso não importa por onde você vá. – disse o gato.
> (Alice no País das Maravilhas - Lewis Carroll)

A Programação Neurolinguística constitui-se em uma das mais poderosas ferramentas para se alcançar mudanças significativas. Mudança significa é a alteração de um estado ou situação para outro. Para que essa transformação seja eficaz é absolutamente necessário saber qual é o objetivo pretendido. Em PNL chama-se estado atual, aquele em que a pessoa se encontra, e estado desejado, aquele que se deseja atingir.

Essa mudança pode ser tanto interna quanto externa. Internamente pode-se querer sair do estado atual de depressão, por exemplo, e ir ao estado desejado de paz. Externamente pode-se desejar sair de um emprego que não mais o desafie, por exemplo, e ir para a realização de sua missão. Em quaisquer dessas situações a PNL pode ajudar basicamente fornecendo os recursos necessários para que essa mudança ocorra de forma ótima, eficaz e ecológica.

Assim, uma pessoa que está com medo porque vai fazer uma cirurgia, por exemplo, pode começar a se sentir confiante em relação à operação. O que ocorre é que muitas vezes não se tem acesso de forma consistente ao estado de confiança, pois o medo da cirurgia é tão forte que bloqueia outros estados que são mais ricos de recursos. Com a aplicação de técnicas específicas pode-se modificar essa situação, muitas vezes em poucos minutos.

Também utilizando a alquimia interna, a Programação Neurolinguística atua nas transformações exteriores. Caso você esteja infeliz no seu atual relacionamento, o que você faria se tivesse acesso a estados de confiança, segurança e paz? A maioria das pessoas teme a mudança pelo medo do desconhecido, acredita que por pior que seja a situação atual, sabe lidar com ela, mas e se mudar e não conseguir lidar com a próxima? Se você parar para pensar, praticamente qualquer grande realização da sua vida precisou de um pouco mais de coragem e audácia.

Quer dizer que se eu descobrir quais são os objetivos dos meus alunos e conhecer as técnicas de PNL eu conseguirei ajudá-los a alcançarem suas metas? NÃO! Inicialmente não se trata dos alunos, trata-se de você! Depois sim, você pode ajudar os alunos ou qualquer outra pessoa.

O SÁBIO E O AÇÚCAR

Certa vez, uma mãe levou seu filho de sete anos até um sábio e pediu: "Por favor, diga a este menino para não comer mais açúcar!" O sábio olhou demoradamente para a criança, fez uma pausa e nada lhe disse. Depois falou para a mãe: "Por favor, retorne aqui com o garoto daqui a uma semana".

A mãe pegou na mão do filho e foram embora. Uma semana depois, ela voltou, trazendo o menino. Então o sábio olhou novamente nos olhos do garoto e disse-lhe: "Não coma mais açúcar". E fez o gesto dizendo que podiam ir.

A mulher agradeceu e foi saindo, mas quando estava na porta, voltou-se para trás e perguntou ao sábio: "Por que o senhor me pediu uma semana, se poderia ter dito a mesma coisa quando eu vim aqui na semana passada?" O sábio respondeu: "É porque até aquele dia eu ainda comia açúcar". (autor desconhecido)

VOCÊ AMA O QUE FAZ?

*"Se hoje fosse o último dia de minha vida,
queria fazer o que vou fazer hoje?
E se a resposta fosse não muitos dias seguidos,
sabia que precisava mudar algo."*
(Steve Jobs)

Para realmente fazer a diferença como professor, você deve amar o que faz. Vários professores lecionam não porque gostam, mas porque essa era a melhor escolha que possuíam algum tempo atrás. As pessoas sempre escolhem a melhor opção disponível. Se você não está feliz com o que faz, mude agora! O profissional mais frustrado é aquele que sonha com a aposentadoria. Esperar para se sentir bem em um futuro distante não é uma decisão sensata, por vezes esse futuro nunca chega e no lugar da alegria tem-se a frustração e a insatisfação.

Todos sabem qual é a sua missão, basta silenciar as vozes externas. A palavra missão pode dar a falsa impressão de que todos têm que fazer algo que beneficie todo o planeta e a humanidade. Na verdade missão quer dizer simplesmente utilizar suas habilidades, suas crenças e seus valores em algum lugar, beneficiando outras pessoas nesta jornada. Para que você foi enviado?

Se você está vivendo a sua missão, mas gostaria de ter mais flexibilidade em sala de aula, ou mais humor ou qualquer outro estado que você julgue mais útil para dar uma excelente aula, preste atenção à próxima técnica.

CÍRCULO DA EXCELÊNCIA

"Eu... eu... nem eu mesmo sei, nesse momento...
eu... enfim, sei quem eu era, quando me levantei hoje de manhã,
mas acho que já me transformei várias vezes desde então."
(Alice no País das Maravilhas - Lewis Carroll)

Uma das pressuposições da PNL é de que as pessoas já possuem todos os recursos que precisam ou podem criá-los. Assim, não existem pessoas desprovidas de recurso, existem estados desprovidos de recursos. Para motivar alguém não necessariamente você tem que estar motivado, mas você deve estar em um estado rico de recursos. Quando você está em um estado de confiança, você pode induzir a motivação necessária em seus alunos. Mas como conseguir confiança rapidamente?

O círculo da excelência é uma das melhores e mais simples técnicas para se acessar estados.

Para esse exercício fique em pé. Algumas pessoas preferem fechar os olhos para se conectarem melhor às sensações, caso seja esse seu caso, pode fechar os olhos.

Etapas:

1- Pense em um determinado estado que você deseja experimentar. Pode ser virtualmente qualquer estado de recursos. Agora reviva esse estado da maneira mais intensa que puder, vendo o que você viu, ouvindo o que ouviu e sentindo o que sentiu.

2- Quando esses estados tiverem se apoderado de você, imagine um círculo no chão em torno dos seus pés. Escolha uma cor para simbolizar esse círculo. Caso você queira colocar algum som nele fique à vontade. Sua intuição será responsável por tornar esse círculo o mais poderoso e intenso para você. Permita que toda essa sensação tome conta de você.

3- No auge dessas sensações, saia do círculo, deixando ali todas essas magníficas sensações que está experimentando. Quebre o estado, imagine, por exemplo, qual o gosto de suco de uva com caju!

Faça os passos de 1 à 3 pelo menos cinco vezes. Então volte para o círculo e note se as sensações aparecem naturalmente. Caso isso não ocorra repita os passos de 1 à 3 até as sensações naturalmente aparecerem. Se o estado de recursos tomar conta de você, significa que você ancorou esses estados no círculo de forma poderosa.

4- Agora pense em um gatilho para que essas sensações sejam disparadas. Um gatilho é alguma coisa no futuro que você verá ou ouvirá antes de precisar desse estado rico de recursos. Esse gatilho pode ser, por exemplo, a porta da sala de aula.

5- Agora basta fazer a ligação entre a sensação e o gatilho. Assim que o gatilho estiver bem claro em sua mente, entre novamente no círculo e aquela sensação ancorada naturalmente tomará conta de você. Imagine então o desenrolar dos eventos ocorrendo com os sentimentos anteriormente ancorados.

6- Ponte ao futuro. Agora saia do círculo deixando ali toda a sensação de bem-estar que o estado desejado proporciona. Quebre o estado. Pense então nesse evento futuro e então notará que todas as sensações do estado desejado automaticamente irão aparecer.

Essa técnica pode ser aplicada a qualquer situação em que você não estava conseguindo acessar os recursos desejados. É literalmente reprogramar a resposta automática da sua mente para determinada situação. Se, por exemplo, você costuma ficar nervoso nas reuniões com o diretor da escola, faça o círculo da excelência e associe outros estados para essa situação. Afinal, se agora você sabe que pode escolher como se sentir nas mais diferentes situações, por que não escolher estados poderosos e ricos de recursos para todas elas?

MODELAGEM

*"Modelar é o portal de entrada ao vasto
e armazém da experiência humana e suas habilidades,
ao mesmo tempo em que promove o acesso
a qualquer um a tal chave."*
(David Gordon e Graham Dawes)

A modelagem é a pedra angular da PNL. No início da década de 70, John Grinder e Richard Bandler resolveram estudar três terapeutas exponenciais: Fritz Perls, Virginia Satir e Milton Erickson. Os cocriadores da Programação Neurolinguística queriam identificar os padrões desses grandes terapeutas para poder ensiná-los a qualquer pessoa.

A PNL é a modelagem da excelência humana. Um dos pressupostos da PNL é de que se alguém consegue fazer alguma coisa, é possível modelá-lo e ensiná-la a outros. Foi exatamente isso que Grinder e Bandler fizeram com aqueles extraordinários terapeutas. Todos eles conseguiam resultados fantásticos em suas intervenções, mas não sabiam, conscientemente, como faziam isso. Assim, os cocriadores da PNL reuniram os padrões semelhantes desses terapeutas e os reelaboraram criando um sistema capaz de proporcionar resultados extremamente rápidos e eficientes.

Caso você quisesse ser um grande investidor, uma boa pessoa para se modelar certamente seria John Davison Rockefeller. Mas sua missão é ensinar, transmitir conhecimento, saber que pode contribuir para que outras pessoas também atinjam seus objetivos e vivam seus próprios sonhos. Quem modelar, então? Paulo Freire, o patrono da educação brasileira, por que não? Ou qualquer outro profissional que tenha as características que você deseja ter.

É importante ressaltar que por mais habilidoso que você se torne na arte de modelar, você jamais será um clone do seu modelo. Isso é extraordinário, pois se você ficasse 100% igual ao modelo, chegaria apenas onde ele chegou, não teria flexibilidade para ir além. Pense na história de Abraham Lincoln: faliu no negócio aos 31 anos; foi derrotado numa eleição para o Legislativo aos 32; faliu outra vez no negócio aos 34; superou a morte de sua namorada aos 35; teve colapso nervoso aos 36; perdeu uma eleição aos 38; perdeu nas eleições para o Congresso aos 43, 46 e 48; perdeu uma disputa para o Senado aos 55; fracassou na tentativa de tornar-se vice-presidente aos 56; perdeu uma disputa senatorial aos 58; e foi eleito presidente dos Estados Unidos aos 60.

Considerado um dos três maiores presidentes dos Estados Unidos, Lincoln é certamente um modelo de determinação e disciplina. Você certamente pode modelar suas crenças e valores, mas jamais será uma cópia do Lincoln.

A melhor analogia que conheço sobre modelagem é a comparação do processo a uma receita de bolo. Se você perguntar a alguém que faz a melhor torta de chocolate do planeta, como ela faz aquela torta e seguir todos os passos, você conseguirá fazer a mesma torta. Pense que o forno e os ingredientes não responderão de maneira diferente apenas porque você está fazendo. Porém, para se reproduzir exatamente os mesmo resultados, não basta ter apenas os ingredientes, você deve saber a temperatura ideal do forno e também a ordem e os momentos em que esses ingredientes devem ser adicionados. Caso siga todo o ritual não há como o bolo ficar diferente.

O processo de modelagem ocorre em três etapas. A primeira etapa consiste em reunir o maior número de informações acerca do modelo. Através da observação você pode modelar o comportamento e a fisiologia. Porém, para os demais elementos você deve fazer perguntas ao modelo e o melhor momento de fazer essas perguntas é quando ele está vivenciando o estado desejado. Assim, você conseguirá reunir informações mais fiéis das estratégias de pensamento interno e das crenças e valores que apoiam essa habilidade específica.

A segunda etapa consiste em filtrar os elementos obtidos. Você vai retirando um a um os elementos e observando se mesmo na ausência deles os resultados continuam a existir. Para ilustrar essa etapa é interessante relembrar como o próprio Bandler procedeu na modelagem de Fritz Perls. Para imitar Perls, Bandler chegou a deixar crescer a barba, fumar um cigarro atrás do outro e falar inglês com sotaque alemão. Ele e Grinder sistematicamente começaram a omitir o que achavam ser comportamentos irrelevantes, como o hábito de fumar, a barba e o sotaque alemão até descobrirem a essência das técnicas do criador da Gestalt terapia.

E a última etapa consiste em ensinar outras pessoas a utilizarem as estratégias obtidas.

Todos as informações colhidas são importantes, mas se você tivesse que escolher apenas uma, escolha as crenças. Se você possuir o mesmo sistema de crenças de seu modelo, provavelmente conseguirá resultados similares. Observe o exemplo de John D. Rockefeller, um homem religioso que acreditava que tudo o que acontecia no mundo era da vontade de Deus. Rockefeller teria que fazer uma viagem de trem e se atrasou, perdendo assim o embarque. Esse mesmo trem sofreu um acidente deixando vítimas fatais. Tal fato foi um divisor de águas na vida de Rockefeller. Devido a suas crenças de que tudo era da vontade de Deus, tendo ele se salvado do acidente, ele deveria ser uma espécie de escolhido. A fortuna estimada de Rockefeller em tempos atuais seria algo em torno de 323,4 bilhões de dólares. Para se ter uma ideia, o homem mais rico do mundo, em janeiro de 2014, é Bill Gates com uma fortuna estimada em 78,2 bilhões de dólares.

Descubra quais são as crenças das pessoas que você deseja modelar, faça perguntas específicas, tais como: por que você faz o que faz? O que realmente isso significa para você? Descubra as crenças do seu modelo e entre em ação.

O modo mais simples de se incorporar novas crenças é agir como se elas fossem verdade. Por exemplo, se você estivesse modelando o Rockefeller, como você agiria se acreditasse que é o escolhido de Deus, o que você faria de diferente, como veria o mundo e como trataria as pessoas? Claro que inúmeras outras crenças ajudaram Rockefeller a se tornar um gigante da indústria e para produzir resultados parecidos você teria que modelar todas elas.

RAPPORT

"Não ande atrás de mim, eu talvez não lidere.
Não ande à minha frente, eu talvez não siga.
Ande ao meu lado que nós talvez sejamos um."
(Provérbio do índios Ute)

Rapport é um termo usado na PNL que muito se assemelha à empatia. É a capacidade de entrar no mundo de alguém e conseguir senti-lo. Se você observar pessoas que são amigas há muito tempo, e que passam muito tempo juntas, notará que elas possuem comportamentos parecidos, principalmente quando estão uma na presença da outra. Isso acontece porque existe harmonia entre elas, e em níveis mais fortes de conexão, uma é capaz de completar a frase da outra.

O rapport é o caminho mais rápido para se conseguir a confiança de alguém. Uma das formas de estabelecer rapport é espelhar a outra pessoa. Literalmente imitar a outra pessoa, porém de forma elegante. Poucas pessoas gostam de ser imitadas, então esses movimentos devem ser sutis. Esse espelhamento não necessariamente tem que ser igual, ou seja, se a pessoa levantar o braço, você pode erguer um pouco a cabeça. O tempo também não precisa ser exato, um pouco de atraso é o ideal.

As pessoas são muito mais receptivas a quem confiam. Como o rapport gera automaticamente uma sensação de confiança nas pessoas é uma estratégia muito poderosa para se utilizar na educação.

Se você deseja conduzir seus alunos a atingirem os próprios objetivos, primeiro você deverá estar em sintonia com eles. Individualmente, o espelhamento é uma das maneiras mais eficazes de estabelecer rapport. Porém, em sala de aula, não há como espelhar todos os alunos, assim a atmosfera de confiança deverá ser estabelecida de outra forma. Partilhar das expectativas dos alunos e de seus objetivos com a matéria é uma excelente maneira de estabelecer a confiança.

Como o rapport é uma via de mão dupla, depois de estabelecida a confiança os alunos naturalmente irão prestar atenção em você. Esse é o objetivo, que os alunos confiem em você, e você poderá ajudá-los ainda mais.

Com o rapport estabelecido talvez você possa sentir a necessidade de aumentar a motivação da turma, ou de alterar a situação presente para qualquer outra. Uma das melhores formas de atingir esse objetivo é através das metáforas.

A MAGIA DAS METÁFORAS

"As pessoas precisam de histórias mais do que de pão."
(As Mil e Uma Noites)

Aqui o termo metáfora é utilizado de forma mais elástica, referindo-se a qualquer história, piada ou parábola que tenha alguma ligação com a mensagem que se quer transmitir. As metáforas são mágicas porque elas não permitem que o cérebro racionalize a informação, pois no mundo das metáforas tudo é possível. Você pode desenvolver a habilidade de construir metáforas, basta saber o estado atual da pessoa e o estado desejado, trocar todo o contexto e fazer a ligação entre os dois estados.

Como a metáfora é dirigida para o subconsciente, não se deve explicá-la. Se a pessoa não entender conscientemente a mensagem e começar a prestar atenção em outro assunto, mesmo assim a mente inconsciente vai seguir trabalhando na metáfora e retirando seus significados.

Preste atenção nessa história:

"Algumas tribos africanas utilizam um método bastante interessante para capturar macacos. Como os primatas são muito espertos e vivem saltando nos galhos mais altos das árvores, os nativos desenvolveram o seguinte sistema: Primeiro eles pegam uma cumbuca de boca estreita e colocam dentro uma banana; em seguida, amarram-na ao tronco de uma árvore, afastam-se e esperam; então, um macaco curioso aparece, olha dentro da cumbuca e vê a banana, enfia sua mão e apanha a fruta, mas como a boca do recipiente é muito estreita, ele não consegue retirar a banana. Então, surge um dilema: se largar a banana, sua mão sai e ele pode ir embora livremente, caso contrário, continua preso na armadilha. Depois de um tempo, os nativos voltam e, tranquilamente, capturam os macacos que teimosamente se recusam a largar as bananas." (autor desconhecido)

Apenas dessa vez eu vou contar a moral da história, para você entender a estrutura. Parece estupidez dos macacos, mesmo sabendo que serão capturados, não largarem a banana para seguirem em frente, não é verdade? Mas a quantas coisas você continua preso, mesmo sabendo que deve largar e seguir em frente? Um casamento sem amor, um emprego sem paixão? Não espere a tribo vir pegar você!

MISSÃO

"Ouse algo que valha a pena."
(provérbio latino)

Se você conseguir despertar em seu aluno a verdadeira missão que ele possui, você certamente será a melhor ajuda que ele poderia ter. As pessoas normais rezam pedindo coisas, as pessoas excepcionais rezam pedindo orientação e agradecendo. Seja um instrumento para que eles toquem nessa parte especial que eles possuem.

A pior desgraça que pode acontecer na vida de qualquer pessoa é a perda da fé. Essa fé não necessariamente tem que ser uma fé religiosa, pode ser uma fé na própria capacidade de realização.

Nos treinamentos a maior dor que eu tenho é quando eu pergunto para alguém: "Você está estudando para quê?" e a pessoa responde: "Concurso público". Resposta mais triste que essa não existe. A pessoa aceitaria tanto ser defensora pública quanto delegada de polícia. Concursos com vocações totalmente diferentes. Felizmente esse padrão se interrompe nos treinamentos.

Quando somos pequenos ouvimos frequentemente a pergunta: - "O que você vai ser quando crescer?" Claro que a criança está em formação e provavelmente vai modificar o seu desejo, mas a pergunta é boa. O que você vai SER e não em que você vai trabalhar.

Orientem seus alunos, devolvam suas asas. Eu não estou afirmando que alcançar um sonho seja fácil, mas eu estou afirmando que vale a pena. Fazendo isso você estará desempenhando sua missão e ajudando seus alunos a alcançarem a deles. E você será grato por ter participado desse maravilhoso processo de transformação, vendo que seus alunos são como Steven Spielberg, que certa vez disse "eu acordo tão entusiasmado que não consigo nem tomar o café da manhã".

VIVA COM PAIXÃO!

10
Professor de alta performance

Gilson Lira

Gilson Lira

Fundador da Rise UP Brasil, empresa especializada em desenvolvimento do potencial humano. Master Coach e Trainer em PNL - com formações pela Sociedade Brasileira de Coaching (SBC); Sociedade Euroamericana de Coaching (SEAC) e Sociedade Brasileira de Programação Neurolinguística (SBPNL). Possui certificações internacionacionais pelo Behavioral Coaching Institute (BCI); Instituto of Coaching Research (ICR); European Coaching Association (ECA); ACT Institute e Metaforum International. Bacharel em Comunicação com pós-graduação em Marketing e Gestão de Pessoas. Palestrante, treinador comportamental e Coach pessoal e executivo.

www.riseupbrasil.com.br
gilsonlira@riseupbrasil.com.br

"Aprender é descobrir aquilo que você já sabe. Fazer é demonstrar que você o sabe. Ensinar é lembrar aos outros que eles sabem tanto quanto você."
(Richard Bach)

O que faz com que alguns professores consigam resultados fabulosos com seus alunos enquanto uma maioria só consegue resultados medianos? O que diferencia professores comuns dos tidos excepcionais? E os educadores medianos daqueles mestres extraordinários eficazes? Sorte? Inteligência superior? Dom?

Uma observação acurada revelará mais que simplesmente sorte, inteligência superior ou dom natural, mas uma prodigiosa forma de ensinar; uma profunda habilidade de se fazerem entendidos. Esses grandes mestres se caracterizam por uma destreza ímpar em argumentar e comunicar. Afinal, são exímios "mestres comunicadores".

Estou plenamente convencido de que os educadores e professores que conseguem obter melhores resultados ao longo dos anos, ou se destacar e impactar positivamente seus alunos, fazem uso sistemático de estratégias que vão da criação de uma boa empatia e rapport, passando, óbvio, pela forma como se comunicam com eles.

Esses professores de alta performance, como os chamo, sabem, como ninguém, habilmente envolver e inspirar as pessoas à sua volta. São peritos em criar engajamento e comprometimento necessários dos estudantes. E o fazem, justamente, porque buscam proporcionar um ambiente de aprendizado estável, favorável e acolhedor a todos que desejam realmente aprender (excelentes professores estão constantemente sintonizados com o que acontece ao seu redor).

EM SÍNTESE, QUAL O VERDADEIRO PAPEL DE UM PROFESSOR?

De acordo com o doutor em Psicologia da Universidade Estadual de Utah, autor do best-seller do New York Times, Wess Roberts[1], o trabalho do professor é ensinar – é ajudar-nos a desenvolver nossas aptidões e conhecimentos. E Roberts está correto. Só que eu diria mais: cabe também a um excelente professor, além de ensinar, de transmitir o conhecimento, permitir que os conhecimentos e as ideias dos mesmos também resplandeçam durante todo o processo. Ou seja, muito mais que apenas ensinar, é preciso que façamos com que nossos alunos pensem sobre o que foi ensinado!

Um professor eficaz é um especialista em potencializar e maximizar a performance de seus alunos. Se pudesse utilizar-me de uma metáfora para exemplificar isso, diria que podemos comparar o trabalho de um excelente professor ao de um comandante de um navio ou de uma aeronave.

Um habilidoso comandante de um navio ou de uma aeronave usa grande parte do seu tempo - e conhecimento - fazendo com que seu navio ou avião siga a rota traçada e, o melhor, chegue ao destino de forma segura. E isso se dá independentemente das nuvens, tempestades ou trovoadas que precisem enfrentar pelo caminho.

COMO A PNL SE ENCAIXA NO PROCESSO EDUCACIONAL?

Logo de cara, a Programação Neurolinguística (PNL) ajuda a tornar o professor mais eficiente na arte de ensinar. Por dispor de inúmeras ferramentas práticas, ela tem muito a oferecer ao universo educacional, principalmente em sala de aula. A PNL contribui para que compreendamos mais facilmente o "mapa de mundo" - ou modo de pensar - dos alunos. Ajuda-nos também a como melhor e mais facilmente estimulá-los a confiar na sua habilidade de aprender (muitas vezes uma palavra de encorajamento pode significar a diferença entre um aluno seguir em frente e não desistir).

A neurolinguística também ajuda o professor a escolher qual melhor abordagem utilizar e como interagir mais eficazmente em sala de aula. E o mais importante: contribui para que o relacionamento professor-aluno seja mais criativo e colaborativo.

MAS AFINAL, O QUE É PNL?

A PNL é o estudo da excelência humana, uma abordagem fascinante e fantasticamente inovadora sobre as formas como o cérebro recebe e processa informações. Trata também de como melhor dirigi-lo para perseguir metas, atingir objetivos, comunicar-se mais eficazmente e, principalmente, ajuda-nos a alcançar a excelência, tanto pessoal quanto profissional.

No campo do ensino, essa "tecnologia" (desenvolvida ainda na década de 70 pelo analista de sistemas e matemático Richard Bandler e pelo linguista e PhD John Grinder) cai como uma luva. Desde o início[2], os cocriadores da PNL estavam interessados nas habilidades de comunicação dos principais terapeutas de sua época e desenvolveram alguns modelos-chave ideais, através de pesquisas na Universidade de Califórnia, em Santa Cruz, nos Estados Unidos.

"A PNL", argumenta Ian McDermontt e Joseph O'Connor, "refere-se à linguagem: como ela afeta nossos pensamentos e ações. Nós usamos a linguagem para nos comunicar, influenciar e motivar. Portanto, a PNL é sobre como influenciar".

Nosso objetivo aqui é capacitar os profissionais da educação com novas ferramentas que o farão mais eficiente. Ao assimilar algumas das técnicas da PNL em sua prática diária de lecionar, muitos professores passarão a fazer verdadeiras maravilhas em sala de aula. Óbvio que quem mais sairá ganhando com isso serão os alunos. E, por conseguinte, toda a sociedade!

Devido à sua ampla gama de atuação e ao pouco espaço para aprofundá-la, optamos por abordá-la, especificamente, pelo prisma da linguagem e comunicação. Sendo assim, focaremos este trabalho nas questões de rapport e da flexibilidade na comunicação.

COMUNICAÇÃO EFETIVA

Vivemos numa época de grandes transformações. Nunca, como nos dias atuais, as habilidades de comunicação tiveram tamanha importância e influência. E, no que diz respeito à transmissão de conhecimento, essa habilidade se faz ainda mais necessária.

Esse atual momento é caracterizado pelo excesso de informação, pelo volume inimaginável de novos programas, games, vídeos, aplicativos. Muitos, literalmente, roubam nossa atenção. Por isso, manter os alunos focados no que é importante não tem sido tarefa simples para os professores.

Quais comportamentos interferem mais na comunicação em sala de aula? Como podemos melhorar o aprendizado dos alunos e incrementar uma comunicação clara e mais assertiva? Como prender a atenção dessa nova geração e, ainda por cima, promover um aprendizado mais rápido e útil?

Esses são alguns dos muitos questionamentos atuais, tanto de professores quanto dos grandes educadores. Claro que não existe uma resposta única. Mas ouso defender que tudo acaba girando em torno de como comunicamos aquilo que queremos comunicar em sala de aula.

QUAL A DIFERENÇA QUE FAZIA A DIFERENÇA?

Tente imaginar uma matéria com a qual você não se dava tão bem na escola. O que tinha de errado com ela? Será que o problema residia no assunto ou na forma como este lhe era transmitido? Você consegue se lembrar do professor que a lecionava? Seja sincero: como era a comunicação dele para com você e para com a turma?

Olhando hoje, já amadurecido pela vida, talvez você perceba que o problema não residisse no assunto, na matéria, mas na forma como lhe eram apresentados, não é mesmo?

Sempre digo que não existe "assunto chato", mas professores com pouca flexibilidade de transformar aquilo tido como chato em algo atraente para seus alunos.

Agora peço que faça o contrário: por gentileza, pare um instante e procure se recordar de uma matéria que você adorava. Procure se esforçar para saber como ela lhe era transmitida. Você consegue se lembrar do professor em sala de aula lecionando este assunto? O que o diferenciava dos demais professores? Como ele transmitia o conteúdo? Ele possuía uma habilidade especial de entrar em sinergia rapidamente com a turma? Você sentia que ele estava falando especificamente para você?

Saiba você ou não, é provável que este professor de alta performance estivesse em pleno rapport com você e com a turma. Muito provavelmente ele se comunicava de forma mais adequada - e eficaz - através, justamente, do que a PNL define como 'canais de percepção sensorial'. Posso até adivinhar: ele descrevia (auditivamente) o assunto; demostrava (visualmente) todo o conteúdo. E, claro, fazia com que os alunos sentissem (sinestesia) como aquilo poderia ser aplicado em suas vidas.

Em suma, como já afirmei, esse professor sabia usar a comunicação e ajustar a sua linguagem para construir rapport não só com você, mas com toda a turma.

CONSTRUINDO RELACIONAMENTOS HARMÔNICOS

O primeiro passo na construção de um excelente relacionamento em sala de aula é estabelecer um genuíno rapport com os alunos (professores excepcionalmente bem-sucedidos são mestres na arte do rapport e sabem como usar essa fantástica ferramenta para desenvolver e construir relacionamentos harmônicos).

Se eu tivesse que escolher apenas uma das poderosas ferramentas da PNL extremamente úteis para a vida de um educador, não hesitaria em afirmar: *estabelecer e manter o rapport*. Para mim, de longe, esse é um fator de suma importância para obter um excelente resultado entre professor e aluno.

O QUE É RAPPORT?

Em linhas gerais o rapport é um conceito do ramo da psicologia, uma técnica usada para criar rapidamente uma ligação de sintonia e empatia com outra pessoa, ou seja, um processo natural de se igualar e se alinhar com o outro. Quando um professor está em rapport com a turma, está em completa harmonia com seus alunos.

De acordo com O'Connor e McDermott, especialistas em neurolinguística, rapport é uma palavra usada em PNL para descrever uma relação de confiança e influência mútua, base de toda comunicação de sucesso; "é, basicamente, conhecer indivíduos dentro de seus modelos de vida, medindo suas realidades".

Todos nós temos uma criação, experiências e maneiras de ser diferentes. Sendo assim, precisamos, antes de tudo, perceber e respeitar o "modelo de mundo" do outro. E uma das grandes formas de estabelecer rapidamente o rapport em sala de aula é respeitar a forma como o outro pensa. Em suma, se você tem (ou está em) rapport com alguém, essa pessoa compreenderá que você sabe como ela se sente. Em resposta a isso, ela será muito mais complacente com você e às suas necessidades.

CADA PESSOA ENXERGA O MUNDO À SUA MANEIRA

Como você deve saber, cada pessoa enxerga o mundo através de lentes ou filtros (crenças, valores e experiências). Cada um de nós tem um modelo mental ou "mapa de mundo". Normalmente, esse modelo é único para cada pessoa, para cada ser humano.

O que você acha que acontece em uma sala de aula conduzida por um professor inflexível, que utiliza sempre a mesma fórmula e linguagem para transmitir conhecimento? Ele só atingirá uma parcela mínima da turma, justamente os alunos que possuem o "mapa mental" parecido com o seu. Ou seja, muitos alunos terão imensa dificuldade em aprender com este professor.

Por isso os especialistas em PNL defendem que[3] para ser um comunicador verdadeiramente eficiente, você deve respeitar o fato de que cada pessoa tem sua própria maneira de enxergar o mundo: você pode dizer a mesma coisa para diferentes membros (alunos) da sua equipe e obter resultados totalmente diferentes.

Em minhas palestras e apresentações, sempre que necessito exemplificar isso recorro à metáfora dos óculos: "Por gentileza, gostaria de pedir a quem usa óculos que o empreste a seu vizinho. Gostaria que eles sentissem como é ver o mundo sob novas lentes". Após alguns segundos, peço para que os devolvam. E então pergunto: "O que acharam?, O que viram?, Como passaram a perceber as coisas"?

A maioria diz que viu as coisas completamente distorcidas. E eu falo que são exatamente para isso que servem os nossos óculos de grau – eles distorcem a imagem para quem não precisa.

Por outro lado, para quem precisa a sua finalidade é justamente a de corrigir distorções ópticas causadas por problemas de visão como hipermetropia, miopia e astigmatismo. De maneira geral, o que tento explicar com essa metáfora é que há sempre maneiras diferentes, tanto de perceber, como de comunicar algo.

COMPREENDA O ALUNO

Sendo assim, quem deseja se tornar um extraordinário professor deve procurar compreender como o aluno pensa e como se sente. Deve também evitar "empacotar" o conteúdo, achando que todos na turma irão desembrulhá-lo da mesma forma - ou com a mesma facilidade.

Abro um parêntese para dizer que uma das mais poderosas formas de influenciar rapidamente outra pessoa é saber ouvi-la. No meu entender, a arte no saber escutar é, de longe, o aspecto mais importante para uma comunicação efetiva e positiva.

Ouvir o outro faz com que ele se sinta bem consigo mesmo, ajudando-o a melhorar sua autoestima. Agora um detalhe: ele sempre sentirá quando estamos dando a devida atenção ao que está dizendo. No fundo, ele percebe quando realmente está sendo ouvido por nós. Quando isso ocorre, a pessoa se sente valorizada, respeitada por nós.

Jonh Grinder, acertadamente, afirma que o que você pode oferecer de mais importante ao outro é sua atenção. E isso é uma grande verdade!

Por isso sempre sugiro, até por questão de respeito, que quando em contato com o outro, saibamos realmente prestar atenção a ele; prestar atenção por completo ao que ele está querendo nos dizer (Em qualquer processo de criação rapport o pior que pode acontecer é ignorarmos o que o outro fala, pensa e sente).

SEM RAPPORT NÃO HÁ EFICÁCIA NA COMUNICAÇÃO

Sempre defendo que o rapport é um pré-requisito básico para toda comunicação eficaz. Você quer desenvolver uma relação mais amistosa com seus alunos? Então procure diariamente formas de como entrar mais rapidamente em rapport com eles.

Steve Andreas afirma que "se não tiver rapport, você simplesmente não será eficaz com as outras pessoas" e que "apenas com as ferramentas do rapport você pode criar receptividade na outra pessoa em questão de segundos".

O mais interessante nessa técnica (como em muitas outras da PNL) é que ela pode ser aprendida. Ou seja, ela não é um talento nato. Sendo assim, o rapport é uma aptidão que pode ser desenvolvida com treino e dedicação.

Para a especialista em PNL e Coaching, Kate Burton, com frequência tornamo-nos conscientes dele, mais por sua ausência que por sua presença. "Sem rapport - defende ela - não há nenhuma química ou conexão entre duas pessoas ou dentro de um grupo; as ligações essenciais entre as pessoas não estão ali".

Como entrar mais rapidamente em harmonia e rapport com o outro?

Para Kate isso implica em prestar extraordinária atenção à outra pessoa, incluindo seu estilo, necessidades e interesses. Ou seja, se você não está, ou não se encontra em rapport com uma determinada pessoa, está agindo diferentemente dela.

Richard Bandler e Jonh Grinder, já citados anteriormente, defendem que para criar ou recuperar o rapport, deve-se tornar mais semelhante.[4] Os profissionais de comunicação mais eficazes conseguem rapport combinando comportamentos não-verbais, às vezes chamados de cópia, espelhamento ou acompanhamento.

Em suma, existem maneiras poderosas de se criar rapport e se estabelecer uma relação de empatia e conexão com o outro. Compreendo, porém, que o caminho mais rápido para isso é começar a sutilmente adotar a linguagem corporal da outra pessoa com a qual estamos em contato.

E quanto a você? Você tem buscado prestar extraordinária atenção às necessidades e interesses de seus alunos? Tem procurado combinar sua comunicação à comunicação que a turma que você leciona utiliza? Tem dedicado um pouco do seu tempo não só para transmitir o conteúdo, mas também para transmitir o quanto se sente feliz com a evolução da turma?

FLEXIBILIDADE NA COMUNICAÇÃO

Depois da compreensão sobre a necessidade do rapport, passamos a discorrer sobre a fundamental importância de uma comunicação adequada com nossos alunos.

Sempre digo que, para qualquer professor que almeje a excelência pessoal em sala de aula, faz-se necessário ajustar e reajustar constantemente a forma como se comunica com os alunos.

Desenvolver flexibilidade para mudar e, até mesmo, adaptar a comunicação é fundamental para o sucesso e o bom desempenho de um professor. Tanto que, para Anthony Robbins, perito reconhecido mundialmente em PNL, "o domínio da comunicação é o que faz um grande pai, um grande artista, um grande político ou um grande professor". Ainda segundo ele, não há pessoas (alunos) que resistem, somente comunicadores (professores) inflexíveis.

Claro, sabemos que alguns estudantes dão um pouco mais "trabalho" que outros e que uma minoria parece não querer nada com nada, não é mesmo? Mas para Robbins, "a única maneira de se comunicar bem é começar com senso de humildade e vontade de mudar", ou seja: mesmo que compreendamos que nem sempre é fácil conduzir brilhantemente uma sala de aula para um objeto único, devemos sempre procurar nos manter humildes e focados na certeza de que podemos empreender essa mudança.

Ainda para este - que é um dos maiores propagadores da PNL - nós não podemos nos comunicar por força de vontade, óbvio. "Você não pode ameaçar alguém para que entenda seu ponto de vista. Você só pode comunicar-se por flexibilidade constante, rica de recursos e atenta".

COMUNICAMOS O TEMPO TODO - E TODO O TEMPO!

As pessoas estão sempre se comunicando, através de palavras, gestos, posturas, expressões corporais, tonalidade da voz. Em suma, dos vários sinais sensoriais. Não tem outra: *estamos o tempo todo nos comunicando com o mundo à nossa volta*.

E sabe de quem é a grande responsabilidade por uma comunicação efetiva? É sempre do comunicador. De acordo com o que se evidencia na PNL, a responsabilidade pelo sucesso em qualquer processo de comunicação encontra-se no remetente - não em quem recebe a mensagem. Agora um detalhe interessante: o significado da nossa comunicação é a reação que obtemos. Ou seja,[5] os outros recebem o que dizemos e fazemos através dos seus mapas mentais do mundo. Quando alguém ouve ou percebe algo diferente do que tivemos a intenção de dizer, uma luz vermelha (como sinal de alerta) deve se acender em nossa mente.

Estar atento e observar como nossa comunicação é recebida nos permitirá ajustá-la, para que, da próxima vez, ela possa fluir com mais clareza e precisão.

CANAL SENSORIAL

Detalhe importantíssimo: cabe ao professor buscar aprender e conhecer qual é o canal representacional (ou Sistema Representacional preferido) que seu aluno mais atua - ou mais utiliza.

Segundo os estudiosos, mesmo existindo cinco sistemas sensoriais, usamos mais fortemente três deles para pensar: o visual, o auditivo e o sinestésico. Culturalmente, a maioria dos nossos alunos é mais visual e auditiva que sinestésica.

Por isso defendo que todo professor deve ter uma acuidade sensorial para reconhecer o que funciona melhor para seus alunos, que palavras ou frases são particularmente mais usadas por determinado estudante. São palavras e frases mais visuais, mais auditivas, ou mais sinestésicas? Procurar ensiná-los no sentido em que eles mais pensam é fundamental. Por isso que para melhorar a performance em sala de aula o bom professor deve ficar atento em ouvi-las adequadamente.

De forma simples, podemos dizer que os alunos mais visuais tendem a falar muito depressa. Por estarem tentando acompanhar as imagens em suas mentes, eles agem assim. De acordo com Anthony Robbins, "tendem a ver o mundo em imagens". "Professor, não vejo muito sentido no que o senhor está nos dizendo" – o aluno que assim se expressou encontra-se mais voltado ao sistema visual.

Já as pessoas mais auditivas, ainda segundo Robbins, tendem a ser mais seletivas sobre as palavras que usam. Segundo ele, uma vez que as palavras significam tanto para elas, são cuidadosas sobre o que dizem. Você ouvirá pessoas que agem neste sistema representativo falando coisas como: "Isso soa certo para mim", "Posso ouvir o que está dizendo". Ou ainda: "Professor, o senhor pode repetir o que falou?". São exemplos de pessoas que estão usando como canal representacional a audição.

Já as tidas como sinestésicas, tendem a ser mais lentas. Os especialistas em PNL, assim como o próprio Anthony Robbins, defendem que: "Elas reagem fundamentalmente às sensações. Estão sempre 'agarrando' alguma coisa 'concreta'. Dizem normalmente coisas como 'estou procurando por uma resposta mas ainda não a peguei'".

Normalmente, em sala de aula podemos pegá-las nos expressando da seguinte forma: "Professor, sinto que não compreendi bem o que o senhor explicou" ou "Este assunto é muito intenso". Ou seja, temos aqui um típico aluno que se encontra, neste momento, atuando em uma linguagem sinestésica.

Sempre haverá um sistema dominante em cada pessoa. Mas, em linhas gerais, entender a maneira como os alunos codificam as informações que recebem é extremamente importante e útil para uma boa condução de uma aula. Em suma, saber como nos dirigir ao sistema de pensar favorito deles nos permite ser melhor compreendidos, possibilitando-nos, com isso, aquilo que os especialistas em PNL defendem: *falar, literalmente, a linguagem do outro.*

SEGMENTAÇÃO DE CONTEÚDO

Os professores também devem ficar atentos à segmentação do conteúdo que estão transmitindo. Como já deve ter notado, alguns alunos preferem operar mais no detalhe; outros, no todo (no global) da questão. Isso quer dizer que, em sala de aula, você terá os que desejarão que comece explicando, em primeiro lugar, o geral da questão, para só depois descer aos detalhes. Por outro lado, também se deparará com os que preferirão que você comece demonstrando os detalhes do conteúdo, para, só depois, ir expandindo-o em partes maiores. Ou seja: generalistas preferem que você comece com um panorama geral. Detalhistas, que você comece com as minúcias e os detalhes.

Então? Em que mapa de mundo você tem mais operado? Você tem sido um professor que transmite o conteúdo de forma mais geral ou mais específica? Você tem tido o cuidado de transitar pelas duas formas ou fica "preso" só a uma delas?

Lembre-se: a boa performance de um professor está diretamente ligada à forma como ele comunica e transmite o que sabe. Portanto, sugiro, sempre que possível, procure adaptar sua comunicação ao modelo mental que seus alunos mais preferem e mais operam.

JUNTANDO AS PEÇAS

Em linhas gerais, ser eficaz e ter uma boa comunicação com os alunos em sala de aula é bem parecido como montar quebra-cabeça.[6] Se você tem dificuldade em montar um, não chegará a qualquer lugar tentando a mesma solução diversas vezes. Você o resolve sendo flexível o bastante para mudar, adaptar, experimentar, tentar algo novo. Quanto mais flexível, mais opções criará, mais portas poderá abrir e mais bem-sucedido será.

Então, como você vem se comunicando com seus alunos e transmitindo sua mensagem (conteúdos e ensinamentos) em sala de aula? Tem sido um professor que lhes proporciona tonarem-se curiosos sobre a experiência de aprender?

Pense sobre isso!

NOTAS:

1. ROBERT, WESS. Nem sempre o 1° da Classe é um Sucesso na Vida. São Paulo, SP: Editora Best Seller, 1991.

2. BURTON, KATE; BURTON, KATE. Coaching Com PNL Para Leigos. Rio de Janeiro: Alta Books, 2012.

3. McDERMOTT, IAN; O'CONNOR, PNL para Administradores. Petrópolis, RJ: Vozes, 2000.

4. BANDLER, RICHARD; GRINDER, JOHN. Sapos e Príncipes. São Paulo, SP: Summus Editorial, 1982.

5.ANDREAS, S; FAULKNER, C. PNL, A Nova Tecnologia do Sucesso. Rio de Janeiro: Campus, 1995.

6. ROBBINS, ANTHONY. Poder Sem Limites. 5 ed. Rio de Janeiro: Best Seller Ltda, 2005.

11
Uma nova pedagogia através dos modelos da PNL

Mario Jorge Chagas

Mario Jorge Chagas

Facilitador de cursos de PNL e Treinamentos de Oratória – INAp/Rio; Programas Corporativos – Universidade Corporativa da VALE e temas ligados ao Desenvolvimento Comportamental.

Atuou, por 28 anos em grandes empresas, como IBM Brasil e Embratel, na função de gerente de projetos. Aplica treinamentos para desenvolvimento de pessoas e organizações com PNL, oratória e Coaching.

Formações:
- Licenciatura e bacharelado em Matemática, especialização em Filosofia (USU) e Neurociências da Aprendizagem (IPUB/UFRJ).
- Internacional em Coaching Evolutivo - INAp.
- Curso de Oratória Rogéria Guida.
- Escola de Palestrantes - INAp.
- Trainer em PNL - Núcleo Pensamento e Ação - Arline Davis (EUA) e INAp.
- Master Practitioner - INAp.
- Gestalt-Terapia.
- Competência Emocional - Metaprocessos Avançados Ltda. (George Vittorio).
- Hipnose Ericksoniana - Instituto Milton Erickson - Rio.
- Emotologia Basic - Prof. Luiz Machado - Cidade do Cérebro.
- Silva's Mind Control.

(21) 2236-1312 / (21) 9996-8202
mariojor@hotmail.com
about.me/mariojor

A sala de aula está diferente. O professor concorre hoje com alguns agentes, até então estranhos ao contexto escolar, que distraem e consomem tempo, dividindo a atenção do aluno com as tarefas disciplinares. O ambiente está repleto de comentários sobre programas de televisão, postagens nas redes sociais, tablets e smartphones, esses últimos, talvez o pior deles. A popularização da tecnologia chegou à escola e não se pode mais ignorá-la. Manter a motivação dos alunos pelos desafios das diversas disciplinas não é tarefa fácil, tamanha a concorrência por sua atenção. A todo o momento nota-se um deles com a cabeça baixa, olho no smartphone, com a tela de uma rede social ou de mensagens aberta. Tal comportamento vem se tornando peculiar em treinamentos de qualquer natureza. O indivíduo não consegue se "desconectar", assumindo que tais aparelhos são uma extensão de si mesmo. Diante de tal quadro, o professor precisa descobrir estratégias de motivação, em cada um, para usá-las a favor da aprendizagem. Observar a estrutura de interesse por determinado assunto, modelá-la e procurar repassá-la para outros temas não tão atraentes aos interesses da turma. Talvez consiga aprimorar os modelos de aprendizagem e obter resultados até surpreendentes, diante de tanta concorrência, tornando-se uma influência positiva na vida dos aprendizes.

A Programação Neurolinguística tem enorme potencial para contribuir com técnicas e vivências importantes para o ambiente de sala de aula. Acreditamos que o professor que tenha conhecimento dos elementos fundamentais na formação do comportamento, explicados pela PNL, pode desenvolver uma nova didática, que estimule a motivação de seus alunos. Se o professor puder compreender os mecanismos psicológicos que sustentam a percepção e a atenção do aluno, bem como a importância do contexto ambiental e do estado emocional na aprendizagem, pode também exercitar-se e apossar-se de estratégias educacionais que instiguem o aprendizado para qualquer público.

O COMO

A PNL na educação, assim como em qualquer área da atuação humana, pode ser utilizada através de variadas técnicas e modelos que facilitam a compreensão de conceitos. Um dos que mais gosto, e que exercita muitos ensinamentos da PNL, é o modelo dos níveis neurológicos. O professor pode, ao observar seu estudante com dificuldades, transitar pelos níveis neurológicos para identificar em que nível está o problema que inibe a boa atuação do aprendiz. A linguagem utilizada pelo aluno ajuda a identificar essa questão. Os níveis neurológicos trazem em seu bojo afirmações poderosas para reflexões que talvez ainda não tenham sido feitas, a saber:

Ambiente – o uso da linguagem, que se referencia a este nível, afeta os limites externos dentro dos quais o aluno vive e reage. São expressões que envolvem o lugar (onde) e o tempo (quando) e também traz informações de: "com quem estou atuando nesse contexto". Aparecem aqui, na linguagem do aluno, o que ele pensa sobre o ambiente familiar, social e da própria escola. A importância e o significado que dá a cada contexto em que se percebe atuante.

Comportamento – a linguagem que o aluno utiliza e que se refere a este nível mostra as ações que ele faz dentro do ambiente em questão. Trata-se de ver se o comportamento está alinhado e congruente com o ambiente. O professor explica a importância do comportamento e como ele deve estar coerente em cada ambiente em que se atua. A expressão determinante é: "o que eu faço é..."

Capacidades – neste nível a linguagem mostra algo sobre as habilidades ou estratégias mentais para agir no ambiente. Que habilidades são necessárias para um bom desempenho. A expressão mais comum é: "como eu faço isso". Nota-se, então, o que ele pensa sobre suas próprias capacidades e habilidades para agir.

Crenças e valores – este é um nível que deixa claro, através da linguagem, se existem motivação e permissão de si mesmo para pôr em ação suas habilidades. Explica porque agimos de determinado modo. Trata-se de um "par casado" que orienta as ações do indivíduo vida afora. Percebe-se por intermédio da expressão: "por que eu faço isso". Importante atentar para as crenças inconscientes que permeiam a linguagem cotidiana do aluno, algumas delas são limitantes e inibem a iniciativa.

Identidade – neste nível as expressões utilizadas afetam a autoimagem. Iniciadas por "eu sou...", as frases explicam o que ele pensa de si mesmo, como indivíduo. Podem aparecer, também aqui, crenças sobre merecimento, que de certa forma limitam suas possibilidades.

Espiritual – finalmente, através das expressões que ouvimos, temos uma ideia de como o aluno se percebe dentro de um sistema maior. Sua noção de conexão com algo que o transcende, que está lá fora, mas do qual ele faz parte. Família, grupos sociais, escola etc., a importância que ele dá ao fato de pertencer a esses sistemas.

Assim, o professor, pondo sua atenção na estrutura de linguagem de seus alunos, pode perceber através do modelo de níveis neurológicos em que nível está a dificuldade descrita. Fazendo uma compilação das descrições que mais aparecem em sala, pode então ensinar e motivar para a adoção de padrões de linguagem mais assertivos e livres de afirmações limitantes. Não raro, a dificuldade está localizada nos níveis de capacidade e de identidade. Encontramos aí um grande vazio na autoestima dos aprendizes. Professores partem do pressuposto de que os alunos sabem como estudar e aprender suas matérias, o que não é verdade na maioria das vezes, e os deixam à sua própria (des)organização. Estratégias ineficazes, sem alternativas, levam aos mesmos resultados ineficazes de sempre. O agravante é que o aluno toma isso como deficiência pessoal e assume que algo está errado com ele. Isso estimula expressões como "não sou capaz", "não adianta, não consigo" e "eu sou burro mesmo", configurando crenças sobre capacidade e identidade. Algo muito sério!

Estimulo fortemente que o modelo dos níveis neurológicos seja ensinado em sala de aula. É valioso para que compreendam um pouco mais a si próprios e aos outros, com os quais interagem. Mostrar as diferenças fundamentais entre os níveis de identidade e comportamento e fornecer-lhes "feedbacks" adequados em cada um desses níveis, ou seja, os pontos a melhorar são explicados no nível de comportamento e os elogios, no nível de identidade. Transitar pelos níveis neurológicos, desde Ambiente até Identidade, com o suporte do Metamodelo de Linguagem, para desafiar padrões de linguagem limitante, pode influir positivamente para uma nova atitude diante das aparentes dificuldades. Surgem Valores e Crenças mais adaptativos que potencializam e estimulam mudanças transformadoras e que perduram por longo tempo, senão para toda a vida.

Outro modelo de grande eficiência que pode ser utilizado pelos professores é o TOTS, que significa Teste-Operação-Teste-Saída. Ele define um ciclo de "feedback" sobre nossas ações em busca de um objetivo. O modelo TOTS é simples e muito poderoso, os testes são feitos comparando-se as evidências sensoriais (ver, ouvir e sentir), identificadas "a priori", ao definir um objetivo. Quando se chega à conclusão que "desse jeito não vai", tendo em mente que cada grupo tem sua singularidade, então torna-se necessário ajustar as estratégias de ensino para continuar no caminho correto que levará o grupo ao aprendizado. O modelo TOTS é reconhecido como um modelo de comportamento eficiente. Baseando-se numa das pressuposições da PNL, se algo não está dando certo é conveniente variar as ações até que se obtenha o que se quer. Isso exige flexibilidade comportamental do professor para atuar de acordo com as necessidades do grupo. Por outro lado, é também um ótimo modelo conceitual para ser ensinado aos alunos, com aplicabilidade em qualquer área da vida.

O professor, ao reconhecer que os alunos estão profundamente ligados ao mundo real em que vivem e ao procurar fazer o material do curso relevante para aquele mundo, está adotando uma estratégia flexível e inteligente. Caso contrário, a vida social do estudante parecerá bem mais interessante do que a sala de aula. O uso das pressuposições da PNL é uma forma de entender e se aproximar desse mundo extraclasse. Ajudá-los a identificar limitações em seus comportamentos, capacidades, valores e crenças e depois usar as técnicas de comunicação precisas da PNL para modificar esses padrões limitantes talvez ajude realmente a transformar suas vidas. Eles merecem o nosso compromisso com seus sonhos.

A sintonia com os diferentes estilos de aprendizagem permitirá explorar mais profundamente as capacidades do sujeito que aprende e a PNL, ao estudar a estrutura da experiência desse sujeito, torna-se um modelo de grande valia para os profissionais de ensino. A PNL oferece um conjunto de crenças, pressuposições e técnicas vivenciais que proporcionam resultados transformadores para os estudantes. Absorve das Neurociências a compreensão das bases neurais dos funcionamentos racional e emocional e como esses interagem com a capacidade de aprender, buscando entender a origem do sucesso e das dificuldades do aprendizado.

A capacidade de recuperação das memórias é uma função muito importante do cérebro aprendiz e, quase sempre, durante uma experiência com carga emocional, a amígdala cerebral é ativada e codifica aquela informação como um traço de memória importante a ser consolidada. Quanto maior o número de estímulos emocionais, tanto maior a retenção ou recuperação da informação armazenada. Essa complexidade emocional, uma vez entendida e trabalhada pelo professor, pode ter implicações profundas para o aproveitamento do aluno. A motivação humana para o aprendizado é fortemente influenciada pelo papel do sistema de recompensa, uma estrutura cerebral que é ativada pela dopamina, neurotransmissor associado às sensações de bem-estar.

De modo geral, alunos funcionam melhor em ambientes escolares nos quais a descontração está presente, pois nesse caso existe uma sensação de menor pressão e sobrecarga, permitindo que o cérebro trabalhe melhor. O uso do humor torna-se, então, um modo de estabelecer e manter a empatia, que contribui para reduzir possíveis resistências às mensagens educativas e ensinamentos mais complexos. Razão e emoção, quando fortemente relacionadas, estabelecem a importância de contextos plenos de alegria, interesse e motivação e, juntas, têm o poder de suscitar estados positivos para a aprendizagem, estimulando a aquisição de novos conhecimentos bem como sua retenção.

O uso do humor no ambiente de aprendizagem pode reduzir o estresse, estimular a criatividade, potencializar a autoestima, ajudar na compreensão e apreensão do objeto de estudo, além de construir uma relação harmoniosa entre professor e aluno, abrindo a mente a novas ideias. É uma estratégia da qual o professor pode se valer para aumentar sua eficácia em sala de aula. O olhar cuidadoso do professor para o aluno é indispensável para a construção e o sucesso da aprendizagem. Sentir-se bem, buscar o prazer e ser recompensado por suas ações é de importância inegável para o aprendiz. O bom estado de humor participa como um possível estimulador da compreensão de temas áridos no dia a dia da escola. O papel do professor é determinante na configuração de um ambiente que propicie o clima de bem-estar, alegria e motivação para a aprendizagem. A expansão da inteligência pelo potencial humano não se dá somente pelas interações entre redes neurais durante o desenvolvimento biológico, mas também pelas trocas e pressões do indivíduo com o meio. O professor, praticante de PNL, usa suas conhecidas técnicas, âncoras e estados de excelência para, em cada aula, permanecer fiel a um planejamento e à intenção primeira de levar o grupo a um estado desejado de aprendizado motivador para o desenvolvimento contínuo.

Um ambiente de sala de aula que faça uso do humor, longe de críticas e preconceitos, para suscitar estados positivos nos aprendizes, estará se valendo de uma técnica de ensino capaz de gerar motivação para que a aprendizagem ocorra com foco, atenção e consolidação de memórias. Portanto, uma boa prática pedagógica, seja em salas acadêmicas ou treinamentos livres, consiste no professor buscar uma capacitação em Programação Neurolinguística, mínima que seja, que o estará provendo de habilidades modernas e muito eficazes na condução de momentos intensos de aprendizagem para seus discípulos.

12
Estilos de aprendizagem e apadrinhamento

Patrícia Cukier

Patrícia Cukier

Graduada como Master Practitioner no curso de Programação Neurolinguística Sistêmica elaborado pela NLPUniversity e ministrado pelo Instituto PAHC. Atualmente, atuando como terapeuta e consultora pessoal em PNL Sistêmica, realizando atendimento em consultório, através de videoconferência e em residências de pacientes com dificuldade de locomoção. Administro o site www.pnlsistemica.com e uma fanpage chamada PNL Sistêmica.
Cursando Psicologia na FMU com a missão de validar o conhecimento da PNL Sistêmica como uma ciência comportamental. Trabalhando voluntariamente no CAPS, inserindo a PNL como um auxílio multidisciplinar para a recuperação dos pacientes.
Bacharel em Design de Moda pelo SENAC. Atuei muitos anos no segmento como estilista, participei do SPFW / Talentos SENAC Desfile da Coleção Outono/Inverno 2008/2009.
Sócio-fundadora da Atauá Casa de Criação, pequeno ateliê de moda, tendo como função a diretoria de criação e estilismo e a supervisão das áreas de figurino e produção. Expandi em sequência minha experiência para o campo do teatro, publicidade e cinema.

(11) 97581-9918
contato.pcpnls@gmail.com
www.pnlsistemica.com

Senti-me lisonjeada ao receber o convite para participar desta obra, pois acredito que a geração da qual faço parte tem um papel importante no desenvolvimento humano e, se você está lendo este livro, é porque partilha de um ideal semelhante. Costumo dizer que o conhecimento é o único legado que o homem deixa para a humanidade. Portanto, façamos com que este aprendizado seja o melhor que você possa ter.

É de conhecimento popular que as escolas e os mestres do ensino médio e fundamental continuamente estão buscando formas diversificadas de melhorar a qualidade do ensino nas instituições. A era digital trouxe poderosas ferramentas facilitando a busca pelo conhecimento, auxiliando na comunicação entre aluno e professor por meio de redes sociais.

Nem tudo que é bom faz bem, nem tudo que faz bem é bom... Ainda que por um lado esta evolução auxilie a comunicação, por outro, ela vem afetando a Geração Z, induzindo os jovens a uma inserção profunda no "mundo virtual". Esse tema tem sido alvo de estudos psicossociais relacionados a esse comportamento como uma possibilidade de "fuga" da realidade em questão.

Você sabia que, com tantos avanços na área da tecnologia, medicina, psicologia e ciência no século XX e XXI, começa-se a notar indivíduos com déficit de aprendizado nas instituições de ensino, caracterizados pela dificuldade de aquisição da matéria teórica, embora demonstrassem inteligência normal sem desfavorecimento físico, emocional ou social. Designou-se, portanto, para esse grupo, tipos diferentes de distúrbios: dislexia, disgrafia e discalculia (muito compatível com o exame clínico do TDAH).

TDAH, o distúrbio da vez... A discalculia está quase sempre associada a quadros de dislexia e do TDAH, nos quais se encontram indivíduos com QI acima da média. PARA TUDO! Então quer dizer que existe um distúrbio para indivíduos com QI acima da média? O que Einstein diria sobre isso? Ou melhor, o que a Wikipédia diz?

"O Transtorno do Déficit de Atenção com Hiperatividade (TDAH) é uma síndrome caracterizada por desatenção, hiperatividade e impulsividade, causando prejuízos a si mesmo e aos outros em pelo menos dois contextos diferentes (geralmente em casa e na escola/trabalho). O Manual Diagnóstico e Estatístico de Transtornos Mentais da Associação Americana de Psiquiatria (DSM-IV) subdivide o TDAH em três tipos: TDAH com predomínio de sintomas

de desatenção; TDAH com predomínio de sintomas de hiperatividade/impulsividade e TDAH combinado.

Estudos realizados no Brasil e em outros países, utilizando os critérios plenos do DSM-IV, tendem a encontrar prevalências em torno de 3 a 6% em crianças em idade escolar. Entre 30 a 50% dos casos persistem até a idade adulta. Por outro lado, a causa, o diagnóstico e a eventual utilização do TDA-H para justificar mal desempenho escolar e o grande número de tratamentos desnecessários com anfetaminas geram controvérsias desde a década de 1970."

Aprendemos, portanto, com a Wikipédia, que o número de indivíduos com esse distúrbio é relevante e crescente e que a polêmica sobre a aplicação do uso de anfetaminas mal começou.

Reflita sobre... Existe realmente uma necessidade de "segregar" esse grupo e silenciar esses indivíduos com o uso de anfetaminas OU somos nós que ainda não aprendemos como lidar com a evolução de mentes brilhantes?

O campo da PNL é vasto, mas aqui falaremos um pouco sobre como você pode extrair o melhor de seu aluno, seja ele hiperativo ou não, percebendo os estilos de aprendizagem e a importância do apadrinhamento.

O estilo de aprendizagem resulta do fato de que, muitas vezes, as pessoas desenvolvem estratégias de aprendizagem habituais que se ajustam com seus sistemas representacionais prioritários. Aprendizes visuais (V) tendem a aprender melhor assistindo ou lendo. Uma pessoa com estilo de aprendizagem auditiva (A), por outro lado, aprenderá melhor através da escuta e discussão. Os aprendizes cinestésicos (C) precisam se tornar fisicamente envolvidos com o que estão aprendendo. Eles gostam de se movimentar e experimentar coisas. Muitas vezes, as pessoas lutam na escola ou em situações em sala de aula porque seu próprio estilo de aprendizagem não é compatível com a abordagem tradicional de ensino de algum assunto, ou está contrapondo com o estilo de ensinar de seu professor.

Questões de avaliação de estilos de aprendizagem (antes de fazer com seus alunos, faça com você mesmo). Como você aprende melhor? Marque um círculo na opção que corresponde melhor sua preferência (pode ser mais de uma).

1. Quando você aprendeu como fazer alguma coisa, por exemplo, mon-

tar um quebra-cabeças. Como você aprendeu melhor? Por (V) Pistas visuais – fotos, diagramas, instruções escritas; (A) Ouvindo a explicação de alguém ou (C) Experimentando, tentando.

2. Você está tentando encontrar o caminho de volta para sua casa. Você: (C) Anda dando voltas e tenta encontrar um ponto de referência familiar; (A) Pergunta por direções ou (V) Olha em um mapa.

3. Você precisa aprender a usar um novo aplicativo ou aparelho. Será que você: (C) Pede a um amigo que o acompanhe com isso; (V) Olha o manual que vem com o programa ou (A) Telefona para um amigo e faz perguntas sobre isso.

4. Você não tem certeza como a palavra "CRIANÇA" ou "CRIANSSA" deveria ser soletrada. Você: (V) Fotografa a palavra em sua mente e escolhe a que te parece certa; (A) Soa a palavra em sua mente ou (C) Escreve as duas versões e escolhe a que sente melhor.

5. Você prefere um palestrante/professor que gosta de usar: (V) Imagens, apostilas, slides; (C) Viagens de campo, laboratórios, sessões práticas ou (A) Discussões, palestrantes convidados.

6. Você comprou um Kinder Ovo e o brinde requer montagem. A maneira mais fácil para você descobrir como juntar os pedaços é: (C) Começar a juntar e montar por tentativa e erro; (A) Ouvir uma gravação que descreve os passos que você precisa tomar ou (V) Assistir um vídeo ou ler instruções impressas.

7. Você está tomando conta da casa de uns amigos que estão de férias. Você precisa aprender rapidamente como tomar conta do jardim e dos animais de estimação. O ideal para você é: (V) Assistir alguém fazendo isso; (A) Receber instruções e discuti-las completamente ou (C) Ter alguém para guiá-lo.

8. Uma pessoa te dá um número muito importante (tal como um número de telefone, um código ou um número em série) para lembrar. Para ter certeza de que lembrará você: (A) Repete para si mesmo ou para outra pessoa; (V) Faz uma foto mental dele ou (C) Escreve ou digita várias vezes.

9. Você tem que fazer uma apresentação para seus colegas. Você sabe que será capaz disso quando tem: (A) Um bom senso do tom e das palavras

básicas você precisa comunicar; (V) Diagramas e anotações que você possa olhar durante a apresentação ou (C) Ensaiando muitas vezes a apresentação.

10. Quais são os hobbies que você mais gosta? (C) Caminhar ao ar livre, jardinagem, dançar; (V) Desenhar, pintar, turismo, fotografia ou (A) Música/cantar/contar histórias.

11. Quando você realmente quer ensinar algo a alguém, você: (V) Cria uma imagem para isso; (A) Explica isso logicamente ou (C) Leva a pessoa a passar por isso fisicamente.

Aplicação dos resultados do questionário de estilo de aprendizagem: some o número de Vs, As e Cs que você marcou. A letra que mais se repetiu corresponde ao seu estilo de aprendizagem predominante.

Visual - Os aprendizes visuais tendem a aprender assistindo ou lendo. O que fazer em sala de aula: Sublinhe. Use cores diferentes. Use símbolos, gráficos, disposições no papel. Use listas, títulos. Visualize exemplos dos tópicos do curso. O que fazer quando está estudando: Leia apostilas e livros. Use imagens e fotos para ilustrar pontos e ideias importantes. Reconstrua imagens de maneiras diferentes. Redesenhe páginas de memória. Substitua palavras com símbolos e iniciais. O que fazer antes e durante um exame: Lembre-se das "fotografias das páginas". Desenhe, use diagramas quando apropriado. Pratique transformar imagens de volta em palavras.

Auditivo - Uma pessoa com estilo de aprendizagem auditivo aprenderá melhor através da escuta e discussão. O que fazer em sala de aula: Escute palestras e tutoriais. Discuta tópicos com amigos. Explique novas ideias a outras pessoas. Use um gravador. Descreva despesas gerais, imagens e visuais para alguém que não estava lá. Deixe espaço em suas anotações para uso posterior. O que fazer quando está estudando: Use anotações de leituras. Reescreva ideias em outras palavras. Grave resumos de anotações e escute. Leia resumos de anotações em voz alta. Explique anotações para outra pessoa "auditiva". Organize diagramas em declarações. Use dicionários e definições. O que fazer antes e durante um exame: Ouça suas "vozes" interiores e as escreva. Fale suas respostas. Pratique escrever por escrito as respostas de exames anteriores. Pratique com questões de múltipla escolha.

Cinestésico - Aprendizes cinestésicos precisam se tornar fisicamente envolvidos, movendo-se e experimentando coisas. O que fazer em sala de aula: Use todos os seus sentidos. Vá a laboratórios, viagens de campo. Use métodos de tentativa e erro. Ouça exemplos da vida real. Use abordagens práticas. O que fazer quando está estudando: Coloque exemplos em resumos de anotações. Atue ou "dance" pontos-chave e ideias. Fale sobre anotações com outra pessoa "cinestésica". Escreva palavras de novo e de novo. Escreva listas. Escreva parágrafos, começos e fins. O que fazer antes e durante um exame: escreva as respostas práticas. Faça role-play com a situação de exame.

Agora que você já sabe qual é o seu estilo de aprendizagem predominante, procure perceber qual é o do seu aluno, mesclando estilos e técnicas diferenciadas para que o grupo possa absorver o conhecimento em sala de aula. Ex.: descobri que Joãozinho aprende com mais facilidade através da cinestesia, então o chamarei à lousa para ser meu assistente na hora da explicação.

> *"Se formos realmente capazes de entender que cada ser humano cria um modelo diferente do mundo que partilhamos e vive sua própria realidade, seremos capazes de dar ao próximo, sem o maior esforço, o maior presente: nosso respeito."*
> *(Tom Chung)*

Apadrinhar seu aluno (ou ser um "Sponsor") compete em reconhecer e validar a essência ou identidade dele. Buscar todo o potencial, focar no desenvolvimento da identidade e valores essenciais do indivíduo ou grupo. Um bom "Sponsor" é capaz de estimular algo que já está dentro da pessoa, mas que não está sendo manifestado na sua total capacidade. Isso é conseguido através do envio constante de mensagens tais como:

SPONSORSHIP NEGATIVO	NÃO SPONSORSHIP	SPONSORSHIP POSITIVO
Você não deveria estar aqui. (amedrontado)	Você não está sendo visto. (ansioso e invisível)	Você está sendo visto. (aliviado e relaxado)
Você é nada. (indigno)	Você não é notado. (desesperado por atenção)	Você existe. (centrado e em paz)
Você é um problema. (culpado e envergonhado)	Você não tem valor. (vazio)	Você tem valor. (satisfeito)
Você é pior que os outros. (inadequado)	Você não tem nada de especial. (passivo)	Você é único. (criativo)
Você prejudica. (culpado e um fardo)	Você não contribui em nada. (inútil e indesejado)	Sua contribuição é importante. (motivado e energético)
Você não é bem-vindo. (com vontade de sair ou fugir)	Você não faz parte do grupo. (deslocado)	Você é bem-vindo. (em casa e leal)
Você não merece estar aqui. (rejeitado e abandonado)	Você pode ser facilmente substituído. (apreensivo)	Você pertence a... (comprometido)

Essas mensagens têm como objetivo promover no indivíduo o sentido de ser importante e valioso, de se sentir pertencente a algum lugar, com vontade de contribuir para o bem comum e ter sucesso. O impacto dessas mensagens é geralmente bem profundo e leva a uma série de respostas emocionalmente positivas e plenas de recursos. Experimente praticar essas frases na frente de um espelho e sinta como elas se manifestam dentro de você. Em seguida, teste com seus amigos e familiares e, então, com seus alunos.

Temos o filme "Avatar", de James Cameron, como uma referência de "Sponsorship" (Apadrinhamento), mostrando que é capaz de ser praticado por qualquer grupo ou coletividade. A mensagem do filme é profunda: "Eu vejo você", trazendo um questionamento de pertencimento. #dicadefilme

Quando as pessoas sentem que não são vistas, não são valorizadas, não estão realmente contribuindo (ou suas contribuições não são reconhecidas), que podem ser facilmente substituídas e que não pertence de verdade, seu desempenho refletirá esses sentimentos. Quando as pessoas sentem-se apadrinhadas, elas se sentem presentes, motivadas, leais, criativas e seu desempenho irá além das expectativas.

Um bom "Sponsor" cria um contexto no qual as pessoas possam atuar, crescer e se exceder. "Sponsors" proveem as condições, contatos e recursos que permitem ao grupo ou indivíduo que está sendo "apadrinhado" colocar foco, desenvolver e usar suas próprias habilidades e competências.

REFERÊNCIAS BIBLIOGRÁFICAS:
http://nlpuniversitypress.com/
http://pt.wikipedia.org/wiki/Transtorno_do_d%C3%A9ficit_de_aten%C3%A7%C3%A3o_com_hiperatividade
The Encyclopedia of Systemic Neuro-Linguistic Programming and NLP New Coding; Robert Dilts and Judith DeLozier
Enciclopédia de Programação Neurolinguística da PAHC (Programação em Autoconhecimento e Comunicação).
Sapos em Príncipes; John Grinder e Richard Bandler

13

Professor – o despertador da excelência humana

Sueli Cassis

Sueli Cassis

Psicóloga, especialista em Psicologia Clínica e Organizacional. Realiza Treinamentos e ministra aulas na área de Relações Humanas na Academia de Polícia Civil de São Paulo desde 1986. Formada em PNL pela PAHC – Programação em Autoconhecimento e Comunicação há 18 anos, onde atua como Consultora e Trainer em PNL Sistêmica ministrando cursos de aplicação e formação, desde então.
Formação em Saúde com Robert Dilts, Suzy Smith, Tim Hallbom e Allan Ferraz em 1995, tornando-se membro da "Comunidade Mundial de Saúde com PNL".
Master Trainer em Programação Neurolinguística, formada pela NLP University, em Santa Cruz/California, em 2011, tornando-se membro da "GTC – Global NLP Training and Consulting Community".

(11) 99111-1106
suelicassis@hotmail.com
www.pahc.com.br

> *"Ninguém te sacudiu pelos ombros quando ainda era tempo. E, agora, a argila de que és feito já secou e endureceu e nada mais poderá despertar em ti o místico adormecido ou o poeta ou o astrônomo que talvez te habitasse."*
> (Antoine de Saint-Exupéry)

Textos, manuais, livros referentes ao desenvolvimento humano e à educação apresentam suas generalizações bastante convincentes sobre o assunto. Os padrões comportamentais e problemas relacionados são discutidos em relação à cada faixa etária de modo cada vez mais qualificado. Os estudos e as pesquisas em busca de explicações para a crescente necessidade de cuidados na formação da estrutura da identidade e do caráter das crianças e dos jovens em desenvolvimento têm resultado cada vez mais em melhores procedimentos para se agir na direção do que é preciso para que sejam bem sucedidos no mundo de desafios e mudanças de hoje.

Aplicar as ferramentas comportamentais e ambientais, assim como implementar os procedimentos necessários para que as crianças e os jovens ajam e reajam adequadamente e de forma saudável aos estímulos do meio, sejam eles nas brincadeiras, na realização de tarefas, na interação com pessoas é tarefa dos pais, responsabilidade esta que se estende aos professores, muito cedo atualmente, desde o berçário (já chamado de escolinha) ou iniciando pela pré-escola. E como Educação envolve também formação de identidade e caráter, essa responsabilidade estende-se até a universidade e a formação profissional.

Porém, prover as ferramentas comportamentais e condições ambientais não é o suficiente para o sucesso dessa empreitada de educar e formar pessoas para a vida. Além disso, se faz necessária uma abordagem mental e emocional para que o processo faça sentido, oferecer à pessoa o que ela quer e precisa para seu desenvolvimento intelectual e emocional para fazer jus às solicitações do meio e ao seu propósito de vida. Essa é a proposta da Programação Neurolinguística Sistêmica.

POR QUE PROGRAMAÇÃO NEUROLINGUÍSTICA SISTÊMICA?

Porque não é apenas mais uma metodologia que apresenta ferramentas novas para o desenvolvimento humano; é uma ciência que leva à compreensão de como o ser humano "funciona" cognitivamente, emocionalmente e fisiologicamente. Não traz nada de novo; trata das coisas que já sabemos, mas não temos consciência e é através dessa consciência que reaprendemos como lidar com nosso potencial e transformar nossas limitações em possibilidades.

Cada indivíduo tem uma forma particular de organizar suas experiências dependendo das condições genéticas, emocionais e ambientais que lhe são oferecidas, criando uma realidade subjetiva que o difere dos demais em suas respostas às situações emergentes. É assim que o professor, em qualquer área do ensino, recebe seus alunos.

A PNL Sistêmica sugere uma maneira de lidar com todos com respeito às igualdades enquanto seres humanos e às diferenças enquanto seres individuais e únicos. Isso implica em encontrar uma postura e uma linguagem inespecífica que cheguem aos alunos, por mais diferentes que sejam, de forma especificamente compreensível, de modo a que todos assimilem integralmente as informações transmitidas de acordo com o seu modelo de mundo.

Existem sobreposições entre a PNL e outros sistemas de psicologia. A PNL extraiu muitas coisas de ciências neurológicas, linguísticas e cognitivas. Tem fundamentos também nos princípios de programação de computadores e teorias de sistemas. Busca sintetizar diferentes tipos de modelos e teorias em uma única estrutura.

Cabe aqui priorizar as palavras de Robert Dilts, um dos pioneiros e, atualmente, o principal desenvolvedor das pesquisas nessa área:

"Talvez o mais importante aspecto da PNL seja a ênfase na praticidade. Os conceitos e treinamentos da PNL enfatizam interação, contextos de aprendizagem experienciais que fazem com que os princípios e procedimentos possam ser facilmente percebidos e compreendidos. Além disso, pelo fato dos processos da PNL terem sido desenhados a partir de modelos humanos eficientes, seus valores e estruturas fundamentais são reconhecidos constantemente por pessoas com alguma ou até mesmo nenhuma experiência prévia.

É um processo multidimensional que envolve o desenvolvimento comportamental da competência e da flexibilidade, mas também envolve estratégias de pensamento e compreensão dos processos mentais e cognitivos por trás dos comportamentos. Ela oferece instrumentos e habilidades para o desenvolvimento de estados individuais de excelência, mas também estabelece um sistema de crenças e pressupostos poderosos sobre o que os seres humanos são, o que é comunicação e o que é um processo de mudança. Em outro nível, a PNL é sobre autodescoberta, explorando identidade e missão. Ela também oferece uma estrutura de compreensão e relaciona a parte 'espiritual' da experiência humana que alcança além de nós como indivíduos para nossa família, nossos grupos, comunidades e sistemas globais. A PNL não diz respeito apenas à competência ou excelência, diz respeito à sabedoria e visão."

Assim, não só enquanto alguém que cuida da educação dos filhos de terceiros e entrega também parte dessa responsabilidade com relação aos seus filhos para outros professores, aquele que se dispõe a cuidar e ensinar há que atentar para seu próprio desenvolvimento como ser humano, para a consciência de seu papel e consequentemente no impacto disso no sistema ao qual pertence e atua. A PNL não é algo apenas para ser aplicado em alguém, mas, principalmente, para ser praticada, pois é a experiência consciente que torna possível uma postura congruente e confiável.

NÍVEIS NEUROLÓGICOS DA ESTRUTURA SISTÊMICA DO SER HUMANO

Com base nos estudos do antropólogo Gregory Bateson, a PNL Sistêmica pressupõe que o desenvolvimento do ser humano e a aprendizagem se processam em diferentes níveis que interagem numa dinâmica de interdependência hierárquica, ou seja, para que um nível se manifeste é preciso que o nível imediatamente superior lhe ofereça condições para tal. Assim, os níveis neurológicos da estrutura humana são:

• **Ambiente:** onde e quando acontecem as experiências; é o nível que oferece as oportunidades e as restrições às quais reagimos. Tem a ver com o sistema sensorial, com a forma como as informações chegam até nós pelos órgãos dos sentidos. Dependendo das condições que são oferecidas pelos ambientes, o que fazer depende do nível acima.

• **Comportamentos:** são nossas ações e reações ao ambiente; relaciona-se no sistema psicomotor que organiza as respostas específicas aos estímulos recebidos; são ações observáveis, o que fazemos onde estamos como atos reflexos, aprendidos por condicionamento. Porém, muitas das nossas ações são mais complexas e envolvem relações e comparações com habilidades que estão ligadas a outros contextos e que são aproveitadas e utilizadas agora ou que exigem uma escolha; muita coisa acontece no nosso sistema nervoso enquanto respondemos um simples sim ou não; existe um processo mental interno que nos leva a fazer isso ou aquilo; é algo que acontece fora do processo consciente; como é que fazemos o que fazemos?

• **Capacidades:** este é o nível das estratégias mentais; é como a mente funciona para que o comportamento aconteça. São necessárias estratégias mentais para que os comportamentos se manifestem. Se não há um "como fazer" não há "o que fazer". São as capacidades que dão a direção, que possibilitam fazer as escolhas de quais comportamentos são adequados neste ou naquele contexto. Quando dizemos que "conseguimos" ou que "não conseguimos" fazer algo estamos manifestando que sabemos "como fazer" ou que "não temos liberada uma estratégia para responder como queremos".

• **Crenças:** são os valores e as crenças que dão a motivação e a permissão para desenvolvermos as capacidades. São instaladas pela forma como assimilamos nossos critérios, do que aprendemos como correto e dos fatores que determinam nossas possibilidades e nossos limites, permitindo ou inibindo as capacidades e comportamentos. É um nível de estrutura profunda que contem as causas e os significados que damos às coisas e eventos; responde à pergunta: Por que fazemos o que fazemos?

• **Identidade:** este nível é o que caracteriza o senso de "quem sou eu" e do propósito de ser; organiza e consolida todo um sistema de crenças e valores para fazer jus à sua **missão**; coordena os sistemas de crenças e valores referentes aos papéis que assumimos nas diferentes situações e para os quais escolhemos as capacidades e comportamentos adequados a cada contexto.

• **Espiritual:** faz referência ao campo relacional e ao pensamento sistêmico. Tem seu significado no impacto que nossa identidade tem no que há além de nós, ou seja, a "que" e a "quem mais" a identidade está servindo, "para que" ou "para quem" a **identidade** alinha **crenças e valores** para gerarem **capacidades e comportamentos** no **ambiente**. Este nível revela a noção de que há um sistema maior além de cada um de nós ao qual pertencemos e do qual somos parte e fazemos a diferença.

O PAPEL DO PROFESSOR – NÍVEIS DE SUPORTE NA APRENDIZAGEM

Se a aprendizagem se processa em diferentes níveis e através deles, pressupõe-se, então, que para cada nível um tipo de suporte pode ser fundamental.

Partindo dessa premissa, o professor independentemente da escola, do tipo de população que a frequenta, da série ou grau em que atua, pode prover esse suporte, uma vez que exerce influência na formação e no desenvolvimento de pessoas em diferentes níveis de aprendizagem:

• **Guiando e cuidando:** atuação que visa prover um **ambiente** seguro e saudável para que o aprendizado possa ocorrer. Envolve disponibilidade para passar o que sabe, mostrar o caminho e acompanhar o aluno em suas atividades, garantindo a atenção e o afastamento de interferências externas prejudiciais.

• **Coaching:** ajudando o aluno a atuar no pico de suas **habilidades**; estando atento às características manifestadas através dos comportamentos do aluno e conscientizá-lo de seus pontos fortes, estimulando a exploração de seu potencial em seu benefício.

• **Ensinando:** transmitindo novos conhecimentos no sentido de desenvolver e refinar "habilidades de pensar" e capacidades cognitivas, favorecendo a elaboração de **novas estratégias** para pensar e agir. Cada matéria ensinada exige uma forma de pensar diferente para o seu entendimento; tão importante quanto passar o conteúdo é a estratégia mental a ser desenvolvida para a sua compreensão.

• **Sendo em mentor:** atuando de modo a se tornar um modelo, um exemplo a ser seguido pelos seus **valores e crenças**. A congruência do professor em suas atitudes, caráter e competência leva o aluno a internalizar esse modelo e descobrir em si mesmo suas competências e superar resistências internas através da confiança que o modelo lhe confere.

• **Apadrinhando:** aqui, o professor reconhece e valida a essência da **identidade** do aluno; tem um compromisso de promover a manifestação do ser que existe dentro de cada aluno como alguém que faz parte, que pertence, que existe como ser único e que faz a diferença enquanto se desenvolve e contribui para o crescimento do seu grupo e do mundo.

• **Despertando:** este nível de suporte transcende todos os outros níveis, pois tem seu foco no "sentido de ser", provê contextos que despertam para a missão, visão e **pensamento sistêmico**. Independe de conhecimentos teóricos ou aquisição de habilidades, reporta-se à responsabilidade que cada um tem com sua presença no mundo, à importância de se ter um propósito e aos efeitos de cada ação no sistema como um todo.

Se professores têm esse papel necessário e imprescindível na formação de pessoas, cabe-lhes serem respeitados pelos seus méritos, dedicação e empenho em cumprir seus propósitos de serem parte do processo evolutivo do mundo.

Enquanto escrevia, lembrei-me dos meus professores, do meu primeiro dia de aula aos seis anos, das primeiras palavras que escrevi, da primeira lição do livro que consegui ler depois de muito empenho e paciência da Irmã Belina Maria, da compreensão que passei a ter (através dos conhecimentos de História, Geografia e demais Ciências Sociais) de que existe um mundo enorme além de mim, onde a natureza e os homens interagem e se completam, do quanto aprendi a pensar abstrata e logicamente praticando conceitos de Matemática; aprendi o sentido de "ensinar" com os que me ensinaram a ensinar no curso de Magistério, e aprendi muito sobre o ser humano, com meus mestres da Faculdade de Psicologia; o despertar veio da busca pela evolução que me levou ao encontro de pesquisadores geniais que me ensinam até hoje a PNL Sistêmica.

Cada um deles à sua maneira marcou sua presença e me deu suporte em algum ou mais níveis, ainda que não tivesse consciência disso. Talvez não se lembrem de mim, mas eu me lembro deles e sou grata.

De alguma forma, em algum nível, professores são pessoas especiais que com os conhecimentos que têm e transmitem, conduzem seus alunos a aplicá-los na prática do dia a dia, transformando-os em aprendizados interessantes e importantes para o desenvolvimento do raciocínio, da confiança, iniciativa e flexibilidade, favorecendo o entendimento dos acontecimentos como base para lidar com as pessoas e situações, transformar os obstáculos em oportunidades e encontrar soluções para problemas emergentes.

A consciência de seu papel dentro do sistema, da sua missão e visão evolutiva o faz excelente e um modelo para o despertar da excelência humana.

*"A alegria não chega apenas no encontro do achado,
mas faz parte do processo da busca.
E ensinar e aprender não pode dar-se fora da procura,
fora da boniteza e da alegria."*
(Paulo Freire)

14
Acredite se quiser

Vinicius Franco

Vinicius Franco

Vinicius Franco é ator, diretor e professor de teatro formado pela CAL - Casa das Artes de Laranjeiras, no Rio de Janeiro.
Tem formação em Meta-Coaching pela International Society of Neuro-Semantics.

vinnyfranco@yahoo.com.br

"As with all great teachers, what I learned from Erickson came mostly from his way of being. The acceptance, affection, generosity and sponsorship Erickson showed me is something that I deeply appreciated and have attempted to share with my own clients as a part of the legacy I received from him."
(Robert Dilts)

A missão da liderança é inspirar e é dessa posição perceptiva que nos lembraremos sempre dos melhores e dos piores professores que tivemos.

O grande desafio de um docente experiente é o de alimentar a própria inspiração e, assim, lembrar-se de se lembrar que nessa arena não se pode oferecer com congruência aquilo que não se tem. Pedagogia ou demagogia? Para ser capaz de alterar o estado da sua turma, o segredo é ir na frente e alterar o seu. Você ainda é capaz de encontrar aquele seu entusiasmo?

A prática diária dos melhores professores mostra que é possível ser um professor extraordinário em um ambiente ruim e um professor péssimo em um ambiente excelente e essa construção valorativa teima em permanecer na representação subjetiva dos aprendizes, codificada em sua responsividade cinestésica. Então, por onde começar a criar um modelo mais dinâmico, congruente e interessante daquilo que parece nortear a atitude dos professores mais carismáticos? É ponto pacífico que alguns professores contribuem consideravelmente para aumentar o percentual de chatice que existe no mundo.

Neste panorama, é útil compreender, de imediato, que a palavra 'aluno' tornou-se obsoleta, pois sem sombra de dúvidas aquele que ainda acredita que os estudantes não têm luz própria melhor escolha faria se colocasse atenção maior no interruptor que acende a própria luz. Há quem diga que algum sentido faz imaginar que aquele que escolhe a crença de que professor 'não ensina nada e só ajuda o aluno a aprender' é porque ainda não teve a oportunidade de conviver com professores eficazes e sobretudo motivados quando altamente preparados. É útil lembrar: sua atenção fica onde sua intenção está. Inicialmente, acender a luz querendo hipnotizar a lâmpada não parece ser tão boa ideia quanto verificar os botões e a energia. E como alterar esse paradigma para o paradigma da sinergia, que percebe o estudante como um colaborador e ambos como criadores de uma condição nova que não existiria isoladamente?

Certamente, a tarefa de uma construção cognitiva do próprio saber pode beneficiar-se tremendamente de um bom treinamento na área que possibilite a expansão dos domínios próprios de pura intuição e, nesse sentido, tanto o professor pode elevar o nível de sua competência no quesito transmissão de conhecimento para além daquilo que sabe fazer intuitivamente, quanto os estudantes/aprendizes podem aprender a superar as lacunas de entendimento nas áreas de seu interesse, utilizando-se da experiência de quem já tem mais conhecimento na área e fazê-lo ao mesmo tempo em que desenvolvem seu autodidatismo. Mas como comprimir décadas em dias? Há uma rosa que você deseja cuidar?

Historicamente, professores são aqueles que lançam mão de suas melhores técnicas e estratégias para ensinar e construir um caminho para que os alunos aprendam. Se eventualmente apontam a lua e o iniciante olha para seu dedo, têm-se a indicação precisa que se deve aprimorar o olhar. Agora, quantas práticas serão suficientes para adquirir o grau de maestria desejada em alguma disciplina? Quanto tempo será o desejado para que tais práticas aconteçam? Quanto tempo escolherá para entendê-lo como estudante? Estamos falando de desenvolvimento de competências. A inspiração é o diferencial. Como você faz para renovar a paixão por aquilo que ensina?

Momentos mágicos acontecem quando quem quer aprender encontra quem sabe e quer ensinar. Todavia, saber de um jeito não significa saber de todos os jeitos, então, ensinar de um jeito que o aprendiz consiga fazer também do seu jeito, talvez seja uma atitude mais harmoniosa do que doutrinar pessoas como cachorrinhos adestrados, papagaios ou ovelhas. Quando a estrela-guia é a própria luz, pode-se olhar para o céu e descobrir tranquilamente que ao seu lado pode haver todo um grande conjunto de sóis que juntos formam uma grande galáxia de entendimentos, entrementes, certamente alguns mais úteis do que outros. Pense.

Um professor é, para início de conversa, um exemplo do que é possível em determinado modelo de determinadas áreas. Mas como ancorar um sentimento de que o impossível é aquilo que não é possível até que alguém faça?

A questão educacional tão em voga atualmente advém das características tecnológicas das formas de comunicação atuais que disponibilizam múltiplas formas de acesso a conteúdo, ao mesmo tempo em que oferecem ao aprendiz várias oportunidades de escolha quanto aquilo que identificará como mais estimulante. De toda forma, muito se fala sobre o ponto de chegada e muito pouco sobre o ponto de partida.

Como tornar seu assunto interessante para que os estudantes queiram vir até você? Trazer o estudo exatamente para onde o estudante está como uma forma de encorajá-lo a seguir para onde deseja ir é o desafio supremo de todo professor.

Os modelos da PNL oferecem distinções hábeis para a tarefa, especialmente quando encontram um professor no estado correto, e os estados corretos são aqueles que funcionam melhor. Como fazer o entendimento chegar no lugar onde o estudante está? Quando ensina melhor, professor, que nome você dá para este estado? Como ensinar sobre novos mundos para os que não têm o mesmo modelo de mundo que você?

A analogia com o mundo dos esportes pode ser de grande valia. Imagine um esporte como a natação, no qual o sujeito quer tornar-se um indivíduo e alheio às conceituações filosóficas decide adquirir o aprendizado desejado na disciplina. Ora, não há como aprender a nadar tocando piano. Uma vez na piscina, reavaliará sua capacidade atual. Sabe nadar? Consegue dar já as braçadas necessárias para ir de um lado a outro da piscina? Considera tal piscina a mais apropriada para seus objetivos de desempenho? Precisa ainda saber pular ou respirar no melhor dinamismo que requer a prática de tal esporte? Nessa hora é útil entender que entender é diferente de saber fazer.

A integração das habilidades tanto cognitivas quanto corporais necessitam de um novo conjunto de condicionamentos que rearranjem um novo conjunto de teias neuronais. Em um nível competitivo, todos os pequenos segmentos de aprendizado estão agrupados num conjunto de excelência prática e inconsciente que possibilitam lapsos criativos que tornam a própria experiência diária uma atividade recursiva, ou seja, tudo torna-se elemento para uma melhoria constante. A partir de certo ponto, muita coisa é questão da velocidade que se faz. O que não sei é a que horas você está disposto a sair de casa para treinar. Pense em vôlei, basquete e futebol, e descobrirá mais sobre o papel do coach, técnico, ou treinador. O esporte do professor é aprender, aprender a ensinar e ensinar a aprender.

A Programação Neurolinguística diz respeito à maneira como você utiliza seus recursos e se programa para exceler, como você se hipnotiza para ser melhor a cada dia e aprender mais com as pessoas que sabem mais do que você e, no contexto de professores, quais são os professores que se comunicam com os estudantes de uma forma que se sentem inspirados, confiantes e desejosos de fazer mais e melhor a cada dia. Entendeu o pressuposto? O que você faz fala tão alto que eu não escuto o que você diz.

Estamos constantemente nos programando uns aos outros, você está constantemente programando você e, na verdade, estamos fazemos isso o tempo todo porque algumas coisas são importantes de se lembrar de novo e de novo e... de novo, porque é a tartaruga que venceu a corrida com a casa nas costas.

Quando o ator Michael Caine quis ensinar duas formas de atuar no cinema, explicou: uma é entender que a câmera é o instrumento que mostra uma imagem que diz ao espectador "olhe para isto!" e a outra é entender a câmera como um espelho que diz "olhe para você!" De toda forma, tudo diz respeito às lentes com as quais escolhemos entender o mundo. Freud diria: 'Quando Pedro me fala sobre Paulo, sei mais de Pedro que de Paulo.'

Quando seguimos em frente, algumas vezes olhamos para o lado e não vemos ninguém, em outras seguimos em frente e sabemos que temos alguém. Em outras ouvimos algo que nos pode fazer bem e em outras vamos em frente aprendendo a fazer mais e melhor. Imagine o que uma pessoa educada como você pode fazer bem. Se o caminho é seu, é você quem vai dizer qual é a diferença que será melhor. E isso é uma parte integrante do caminho. Entendeu?

Lembro-me de que certa vez vi uma atriz medíocre realizar um trabalho excepcional após ganhar um elogio de um diretor por uma única coisa que realmente fez bem. Uma outra dupla fez um carro surgir na imaginação e um outro ator tornou-se o melhor ator de sua geração quando encontrou um novo amigo e em seguida um novo diretor que lhe disse: Conquiste sua diferença.

Hipnose é uma metáfora para mudança de estado. Click! e algo diferente acontece.

Quando Mesmer colocava um imã por cima das pessoas na expectativa de hipnotizá-las, nem imaginava na época que as palavras poderiam ter um efeito ainda melhor. O importante é lembrar que não existe apenas uma maneira de se fazer alguma coisa e, sim, várias maneiras. Geralmente não é aquilo que você deixou de fazer no passado que afeta alguma condição atual que você queira mudar, mas sim aquilo que você ainda não faz. No futebol, Zico foi campeão brasileiro em 1980, campeão da Libertadores e campeão do mundo pelo Flamengo em 81, novamente campeão brasileiro em 82, perdeu a copa do mesmo ano, foi campeão brasileiro mais uma vez em 83, sofreu uma contusão em 85, perdeu a copa do ano seguinte, foi novamente campeão brasileiro em 87 e encerrou a carreira de jogador profissional no Japão como ídolo e com um gol antológico depois de se aposentar.

Em que time você quer jogar?

John Grinder ao falar sobre o Brasil comenta sobre uma obsessão por futebol. É verdade, John é um sujeito assertivo. Agora imagine o que deve ter sido para Oscar vencer o Pan Americano de basquete em 1987.

"Entendido" significa "bem representado" na mente.

Nesse sentido, foi Michael Hall quem emprestou de Maslow a definição de self actualization, com o significado de desenvolver a habilidade de fazer com que tudo que você faça seja a máxima expressão de quem você é, ou seja, uma sinergia entre sua maior performance e sua melhor visão de mundo. Ousar escutar a voz que grita dentro de você e diz: "Tenha coragem de viver a vida que você realmente quer viver!"

Um entendimento importante parece ser o de perguntar-se sobre quais são os recursos que precisam ser desenvolvidos. O que fazer para ser a melhor versão de você que você pode ser hoje! Como programar melhorias? Preste mais atenção agora: quando você entender que melhorar-se em 1% por dia em uma área escolhida por você, corresponderá a uma melhora de quase 400% em um ano, descobrirá uma fórmula para se aperfeiçoar. Nesse sentido, à medida em que dissolvemos os mapas fixos e antigos de nossa realidade, acrescentamos novas atualizações para a reconfiguração de outros mais ágeis, mais completos e menos distorcidos.

Como ter uma atitude continuamente melhor? Há pessoas que podemos reconhecer como representantes de excelência em suas performances e não são necessariamente pessoas famosas. A PNL, John Grinder define bem, é a ponte entre ter inveja e admirar essas pessoas. A Programação Neurolinguística oferece um meio para entender e assimilar inconscientemente os padrões que fazem a diferença em tais performances quando comparadas às performances medianas. A eterna diferença entre a média e o acima da média.

Como é o mundo do ponto de vista da outra pessoa? Como é o mundo do seu ponto de vista? Quais as diferenças? Se você joga sinuca e conseguiu com uma prática eficiente dominar as habilidades necessárias, você desenvolveu um mapa mental de modo a poder confiar eficientemente em seu próprio taco. Agora, como ensinar uma habilidade semelhante para alguém? Como aprender?

O paradigma de superação e aquisição de competências certamente é uma das grandes coisas que podemos assimilar entre tanta coisa boa advinda dos esportes, contudo, verdadeiro é que a vontade de se superar e ir além pode ser encontrada nas mais diversas áreas. Qual é a diferença que faz a diferença?

No contexto de estados favoráveis ao aprendizado, "know nothing state" é um termo cunhado por John Grinder para evidenciar uma condição que parece ser central como pré-requisito para o aprendizado de novos padrões, isto é, melhor do que procurar assimilar novos conhecimentos tentando acomodá-los na mesma bagagem daquilo que você já conhece, uma condição melhor de aprendizado inicial parece ser criada com a absorção inconsciente daquilo que você ainda nem sabe que não sabe e, dessa maneira, assimilar de forma inconsciente a sabedoria dos excelentes que em qualquer área parece ser facilitada com o procedimento de modelagem, especialmente a forma ensinada pelo co-criador da PNL desde Turtles e Whispering in the wind. A ideia é suspender inicialmente seus filtros intelectivos e buscar uma similitude imediata com o comportamento da maestria.

Assim, de acordo com essa percepção, o procedimento de modelagem inconsciente parece ser uma compulsão em nossa espécie, e eventualmente até em outros animais, pois criamos modelos de mundos e formamos nossos mapas internos, indutores de nossos pensamentos e ações. A PNL vai oferecer um modelo para a modelagem deliberada visando a assimilação cognitiva e comportamental do desempenho de pessoas que realizam algo de excelente.

Ainda que possa haver muitas e muitas maneiras de fazer, a fim de se obter distinções úteis e essenciais, o engajamento na atividade de modelagem numa área desejada que não seja apenas analítica e que seja inspirada na mesma atividade realizada no aprendizado dos padrões de excelência de Perls, Erikson e Virgínia Satir pode ser exemplificada dessa maneira:

1- Ache um professor que seja extraordinário
2- Assimile inconscientemente os padrões desejados
3- Pratique em contextos paralelos
4- Codifique em um modelo aquilo que você é capaz de fazer
5- Teste o resultado

A prática é o que vai permitir que a performance possa atingir um nível indistinguível da do modelo visto de uma terceira posição perceptual, de um modo a produzir o mesmo tipo de resultado.

O resultado da modelagem inconsciente e da assimilação dos padrões é o pré-requisito para a criação de um modelo de explicação do como se faz, e de um como fazer, de modo a conseguir resultados semelhantes. Na verdade, este será o momento de realmente procurar entender como tudo funciona, procurando um vocabulário que seja preciso na codificação daquilo que você agora é capaz de fazer, e de maneira a afirmar apenas os padrões assimilados que sejam de fato eficazes. Antes disso, o empenho é para reproduzir a competência com o mesmo grau de excelência. Quando se aprende a fazer, é possível inclusive ter intuições semelhantes às do modelo, provavelmente por utilizarmos nossas neurologias de maneira semelhante. A medida da efetividade do resultado será a criação de escolhas, ou seja, se um indivíduo quer aprender mais uma forma de se fazer algo tem uma nova escolha para aprender.

Quem são os melhores professores que você conhece? Quais são suas estruturas hipnóticas? Hipnose é um meio por onde as coisas acontecem, mobilizando recursos que já existem na própria pessoa. O modelo é a indução: eliciar uma estrutura hipnótica ao criar um contexto para que a própria pessoa perceba: Eu estou em um transe. Essa é mais uma maneira de pensar. Quantos estados estimulantes ao aprendizado você é capaz de induzir em cada aula?

Qual é o transe que você precisa para transmitir seus conhecimentos de forma mais eficaz? Qual estado alterado lhe pode ser mais útil? Se tudo fosse hipnose, qual estado de transe é necessário para lidar melhor com uma área que você deseja? Qual estado alterado você precisa praticar para ter as intuições necessárias num campo desejado? Um lutador de boxe terá características de transe bem específicas para lidar bem com as necessidades de sua profissão, o estado alterado de um pianista provavelmente será diferente, assim como será diferente o estado mental relacionado à atividade excelente de um homem ou mulher de negócios. Qual é o transe que você precisa? Em qual momento? Consegue se lembrar dos estados que você estava quando aprendeu as melhores coisas da sua vida?

Eu tinha uns 25 anos quando, certa vez, fui deixar uma moça em casa após conhecê-la em uma danceteria. Às quatro e meia da manhã estacionei o carro do outro lado da calçada e, antes que eu pudesse virar a chave do carro completamente, ela me perguntou:

– Qual é o meu nome?

– Hã? (respondi arregalando os olhos)

– Qual-é-o-meu-nome? (ela repetiu com uma cara séria)

– Tá brincando comigo? (eu não fazia a menor ideia de qual era o nome dela, que não usava crachá)

– Você não sabe o meu nome?

– Você acha que eu não sei o seu nome? (já com compreensível desespero)

– Passamos a noite juntos e você não disse o meu nome a noite inteira!

– Ora, mas só por causa disso? (em pensamento, me dizia: lembra! lembra! lembra! lembra! lembra!)

– Não vai responder?

– Mas olha, que pergunta...! (eu não conseguia me lembrar de jeito nenhum!)

– Tá bom, se você não vai responder então eu vou embora.

E num lampejo da fortuna, arrisquei:

– Ora...! Então você acha que eu não sei que seu nome é... Luciana (!)

Ela, olhando para mim, respirou fundo e disse:

– Ahh, bommm... (e beijado fui até o amanhecer).

Até hoje nem imagino como tirei o coelho da cartola... todavia agradeci à Erickson: "aprenda a confiar em seu inconsciente".

Ser professor é importante para você? Por que isso é importante para você? Qual o melhor significado que você pode atribuir agora a isso tudo? Essas são as questões mais importantes para a aquisição de anos-luz de experiência, ao invés de um ano repetidas vezes. Aprenda mais sobre os operadores modais de possibilidade. Sonhador-Realista-e-Crítico é uma estratégia de genialidade que ninguém pode negar. A crítica é uma habilidade primorosa que necessita se elevar. Mas como ser competente de uma forma que ninguém possa negar? Esse é um novo momento a metamodelar. Escutou bem? Em nossa Disneylândia mental, a fantasia parece ser a de que as vassouras irão se elevar por magia, limpar a casa, e varrer sempre a sujeira toda para debaixo do tapete.

Por muito tempo escrevi sobre a prática da PNL em um fórum de debates na internet e, vez ou outra, após ler determinado conteúdo, alguém aparecia eventualmente perguntando: "Professor, mas onde está a PNL?" e de vez em quando eu respondia: "Meu jovem, deveria estar na sua mente"!